# 高职大学生
# 创新创业教育实践研究

林玲玲 著

中国商业出版社

**图书在版编目(CIP)数据**

高职大学生创新创业教育实践研究 / 林玲玲著. 北京 : 中国商业出版社, 2025. 3. -- ISBN 978-7-5208-3360-8

Ⅰ. G717.38

中国国家版本馆CIP数据核字第 2025J0Y698号

责任编辑：朱丽丽

中国商业出版社出版发行

（www.zgsycb.com　100053　北京广安门内报国寺 1 号）

总编室:010－63180647　编辑室:010－63033100

发行部:010－83120835/8286

新华书店经销

北京虎彩文化传播有限公司印刷

*

787 毫米×1092 毫米　16 开　9 印张　155 千字

2025 年 3 月第 1 版　2025 年 3 月第 1 次印刷

定价：45.00 元

* * * *

（如有印装质量问题可更换）

# 前　言

在当今社会，创新创业已成为推动经济增长和社会进步的重要动力。随着全球经济环境的变化和科技的高速发展，世界各国都在积极探索适应新时代要求的人才培养模式。随着我国对创新驱动发展战略意识的不断增强，教育领域也逐渐将创新创业教育纳入人才培养的核心内容。高职教育作为职业教育的重要组成部分，肩负着培养高素质技术技能人才的重任，必须顺应时代潮流，积极探索创新创业教育的新路径。高职大学生的创新创业教育不仅是个人职业发展的需要，而且是国家经济转型与产业升级的迫切要求。因此，开展高职大学生创新创业教育的实践研究，具有重要的理论价值和现实意义。

本书首先对高职大学生创新创业教育进行了概述，探讨了高职大学生创新创业教育的课程体系设计、高职大学生创新创业教育的实践平台建设，并论述了高职大学生创新创业教育的师资队伍构建。希望通过本书的介绍，能够为读者在高职大学生创新创业教育实践研究方面提供帮助。

在写作过程中，笔者参阅了相关文献资料，在此谨向其作者深表谢忱。

由于水平有限，书中疏漏和缺点在所难免，希望得到广大读者的批评指正，并衷心希望同行不吝赐教。

林玲玲

2025 年 2 月

# 目　录

# 第一章　高职大学生创新创业教育概述

## 第一节　创新创业教育的理论基础

### 一、社会学对创新创业教育的影响

#### （一）社会结构对创新创业教育的影响

社会结构对创新创业教育的影响主要体现在以下三个方面：

首先，社会结构的层级和分布直接决定了教育资源的分配与获取，这对高职院校的创新创业教育尤为重要。社会结构的不同层级可能导致教育资源的集中或分散，进而影响学生接触先进教育理念和实践机会的可能性。在某些地区，社会结构的制约可能使创新创业教育的推进面临挑战，然而在资源丰富的地区，社会结构则可能促进教育的创新与改革。

其次，社会结构对创新创业教育的支持与资源配置是实现教育目标的重要因素。政府、企业和社会组织在社会结构中扮演着不同的角色，它们通过政策、资金和技术支持等方式，为高职院校的创新创业教育提供必要的资源。企业与高校的合作，尤其是在技术研发和市场应用方面的协同，能够有效地提升教育质量和学生的创业实践能力。社会组织则通过提供平台和网络，帮助学生拓宽视野，获取更多创新创业的资源和机会。

最后，社会经济环境对创新创业教育需求的驱动是高职院校必须面对的现实。经济发展的阶段和水平直接影响着社会对创新创业的需求和期望。经济快速发展的地区，往往对高技能创新型人才有着更迫切的需求，这就要求高职院校不断调整其教育模式和内容，以适应市场的变化。同时，经济环境的变化也给高职学生带来了更多的创业机会和挑战，促使他们在实践中不断提升自己的创新能力。

#### （二）社会文化对创新创业教育的促进

社会文化不仅塑造了创新创业的价值观，还在潜移默化中影响学生的思维方式和行为模式。通过社会文化的熏陶，学生能够树立积极的创新意识和创业精神，这为其未来的创业实践奠定了坚实的基础。文化的多样性和丰富性为学生提供了多元的思维视角，激发了他们的创造力和解决问题的能力。在这种多元文化背景下，学生更容易接受新思想、新观念，从而在创新创业的道路上走得更远。

社会文化活动是增强学生团队合作能力和社会责任感的重要途径。这些活动不仅提供了实践的平台，还让学生在互动中理解合作的重要性和社会责任感的内涵。通过参与各种文化活动，学生能够在团队中找到适合自己的位置，学会与他人协作，共同解决问题。这种实践经验为他们未来的创业活动提供了良好的心理基础，使他们在面对复杂的创业挑战时更加从容和自信。社会文化活动同时也培养了学生的沟通能力和人际交往能力，这些都是成功创业者必备的素质。

同时，文化多样性在创新思维的培养中起到了催化剂的作用。不同文化背景下的思维碰撞往往能够产生新的创意和解决方案，这对于创新创业教育来说尤为重要。学生在多元文化的氛围中，能够更好地理解和包容不同的观点，从而激发出更多的创新思维。这种多样性不仅体现在文化活动中，也反映在教育资源的共享与合作上。通过与不同文化背景的同学和导师交流，学生能够拓宽自己的视野，提高创新能力。

社会文化环境中的成功创业故事和榜样具有很大的激励作用。通过这些故事，学生能够看到创新创业的实际成果，增强其信心和动力。这些成功案例不仅激励学生追求自己的创业梦想，还为他们提供了可供借鉴的实践经验和策略。在这样的文化氛围中，学生更容易形成积极的创业态度，勇于尝试和创新，追求自我实现和社会价值的统一。

### （三）社会网络与创新创业教育资源

社会网络不仅是信息交流的平台，更是资源获取的重要渠道。通过社会网络，高职学生能够接触到丰富的创业资源，包括资金、技术和市场信息等关键要素。这些资源的获取渠道多样化，使学生在创业初期能够更加从容地应对各种挑战。此外，社会网络还为学生提供了展示创新项目和创业想法的平台，尤其是社交媒体的广泛应用，使信息传播速度更快，覆盖面更广，为学生的创业项目带来了更多的关注和支持。

校友网络和行业协会在社会网络中扮演着重要角色，它们为高职大学生搭建了与成功企业家沟通的桥梁。通过这些渠道，学生不仅能够获得宝贵的创业经验和指导，还能在创业过程中获得精神和资源上的支持。行业协会通常会组织各类创业活动和竞赛，为学生提供展示自我的机会，同时也能帮助学生了解行业动态和市场需求，调整自己的创业策略。

社会网络中的合作伙伴关系是提升学生团队协作能力的重要因素。通过参与各种社交活动和项目合作，学生能够锻炼自己的沟通和团队管理能力。这种能力在实际创业中至关重要，因为创业往往需要多方面的协作与配合。通过与不同背景和专业的伙伴合作，学生可以拓宽自己的视野，学习新的思维方式，这对于学生创新创业来说是不可或缺的。

此外，社会网络的有效利用能够帮助学生形成多元化的视角和思维方式，激发他们的创新灵感和创业动力。不同的社会网络提供了多样的观点和信息，这些都可以成为学生创新思考的源泉。通过与不同领域的人交流，学生能够更好地理解市场需求，发现潜在的商业机会，从而在创业过程中占据优势地位。社会网络不仅是资源的集散地，更是创新思维的孵化器，为高职大学生的创业之路提供了有力的支持。

## 二、心理学在创新创业教育中的应用

### （一）创新思维的心理机制

创新思维的心理机制是理解高职大学生在创新创业教育中表现的重要基础。创新思维通常被定义为一种能够产生新颖且有价值的想法的认知过程。其重要性不言而喻，因为它不仅是推动技术进步和经济发展的动力，还能促进个人在职业生涯中的持续成长。创新思维涉及复杂的心理过程，需要在教育中加以重视和培养。

影响创新思维的心理因素多种多样，其中个体差异和动机是两个关键因素。个体差异包括智力、性格、经验等方面的不同，这些因素会影响学生在创新思维中的表现。而动机则是驱动个体进行创新活动的内在力量，它既可以是外部奖励驱动的，也可以是内在兴趣使然。理解这些因素有助于教育者设计更有效的教学策略，以激发学生的创新潜力。

创新思维的过程通常分为三个阶段，即问题识别、思维发散与收敛。在问题识别阶段，学生需要敏锐地发现和界定问题，这是创新的起点。接下来，思维发散阶段鼓励学生产生多种可能的解决方案，而思维收敛阶段则涉及对这些方案的评估和选择。这一过程为教育工作者提供了一个框架，以指导学生系统地开发创新能力。

培养创新思维的有效策略与方法是创新创业教育的核心任务。教育者可以通过多样化的教学方法，如项目式学习、案例分析等，激发学生的创新潜力。此外，创造一个开放的学习环境，鼓励学生自由表达和交流想法，也是培养创新思维的重要策略。通过这些方法，学生不仅能够提高创新能力，还能增强在实际创业中解决复杂问题的能力。

### （二）创业动机与心理特质

创业动机是指驱动个体从事创业活动的内在动机和外在动机。内在动机通常与个体的兴趣、好奇心和自我实现需求相关，而外在动机则涉及经济利益、社会地位和外部奖励的获取。在高职院校的创新创业教育中，理解和激发学生的创业动机至关重要。通过有针对性的课程设计和实践活动，教育者可以帮助学生识别自身的动机来源，从而更有效地引导他们的创业实践。

创业心理特质在创业过程中起着决定性的作用。自信心、抗压能力和冒险精神是成功创业者必须具备的重要心理特质。自信心使创业者能够坚定信念，勇于面对不确定性和挑战；抗压能力则帮助创业者在压力和挫折中保持冷静，持续推进项目进展；冒险精神激励创业者勇于打破常规，探索创新路径。这些心理特质不仅影响着创业者的决策和行为，还决定了他们在复杂多变的商业环境中的适应能力和竞争力。因此，在高职创新创业教育中，培养学生的这些心理特质是必不可少的。

个体差异对创业动机的影响不容忽视。性别、年龄和教育背景等因素都会对创业动机产生不同程度的影响。研究表明，男性和女性在创业动机上可能存在差异，男性更倾向于追求经济回报，而女性则更加注重社会价值的实现。此外，年龄的增长通常伴随着风险承受能力的变化，年轻的创业者可能更倾向于冒险，而年长者则可能更加谨慎。教育背景也会影响个体的创业动机和能力，接受过创业教育的学生通常具备更强的创业意识和技能。因此，高职院校需要根据学生的个体差异制定差异化的教育策略，以更好地激发他们的创业潜能。

培养积极创业动机的方法多种多样，心理辅导、角色扮演与实践活动相结合是行之有效的策略。心理辅导可以帮助学生认识自我，明确自身的动机和目标；角色扮演提供了一个安全的环境，让学生模拟真实的创业情境，体验不同的角色和决策过程；实践活动则通过真实的创业项目和活动，增强学生的动手能力和实际操作经验。这些方法相辅相成，能够有效地激发学生的创业热情，提升他们的创业能力和自信心。在高职院校的创新创业教育中，灵活运用这些方法将有助于培养具有积极创业动机的未来创业者。

## 三、经济学视角下的创新创业教育

### （一）市场需求与创业机会

在经济学视角下，市场需求的变化直接影响创业机会的出现和发展。市场需求不仅驱动产品和服务的创新，也为创业者提供了识别和把握机会的基础。高职大学生在创业时，需要敏锐地捕捉市场需求的变化，以确保其创业项目能够满足消费者的需求并在市场中立足。市场需求分析是创业过程中不可或缺的一环，它帮助创业者确定目标市场和发展方向，从而提高创业成功的可能性。

市场需求变化对高职大学生创业方向的影响显著。随着科技的快速发展和全球化进程的加速，市场需求呈现多样化和动态化的特点。这种变化要求高职大学生在创业过程中不断调整其创业方向，以适应市场的新需求。特别是在技术密集型行业，市场需求的快速变化可能会导致创业方向的迅速转变。因此，高职大学生在创业过程中需要具备灵活应变的能力，并通过市场调研和数据分析及时调整其创业策略，以适应不断变化的市场环境。

新兴行业的崛起为高职大学生创业提供了越来越多的机会。随着科技的进步和社会的发展，新兴行业不断涌现，如人工智能、区块链、可再生能源等。这些行业通常具有高增长潜力和较低的市场进入壁垒，为高职大学生提供了良好的创业机会。高职院校应加强对新兴行业的关注，通过课程设置和实践活动，帮助学生掌握相关技能和知识，使他们能够在这些领域中发现和抓住创业机会。这不仅有助于提升学生的就业能力，也为国家的经济发展注入新的活力。

消费者偏好的转变促使高职大学生关注可持续和绿色创业。随着全球环境污染问题的加剧和消费者环保意识的增强，可持续和绿色创业逐渐成为市场的新趋势。在创业过程中，高职大学生应注重环保和可持续发展理念，将其融入产品设计和商业模式中。这不仅符合市场需求，也有助于提升企业的社会责任感和品牌形象。在创业教育中，应加强对可持续发展的教育，引导学生在创业过程中关注环境保护和资源节约，以实现经济效益与社会效益的双赢。

市场细分为高职大学生提供了针对特定群体的创业机会。在竞争激烈的市场环境中，市场细分成为创业者获取竞争优势的重要策略。通过市场细分，高职大学生可以识别和锁定特定的消费群体，为其提供个性化的产品和服务。这种策略不仅有助于提高市场占有率，也有利于提高客户忠诚度。在创业教育中，应引导学生学习市场细分的理论和方法，帮助他们在实践中应用这些知识，从而提高创业项目的成功率。

### （二）资源配置与创新效率

在经济学视角下，资源配置与创新效率之间的关系是探讨创新创业教育时不可忽视的重要方面。有效的资源配置不仅是创新创业活动的基石，也是提高创新效率的关键。资源配置的合理性直接影响着创新项目的产出效率和成功率。通过对资源的科学配置，可以最大限度地发挥各类资源的潜力，从而提高创新创业的整体效益。

资源配置的效率在创新创业项目中起着至关重要的作用。高效的资源配置能够确保创业项目在有限的资源条件下实现最大化的产出。对于高职大学生而言，资源配置的效率不仅影响着项目的启动和发展，还直接关系到项目的可持续性。资源的合理分配能够降低项目风险，提高项目成功的概率，使创业者在激烈的市场竞争中占据有利位置。

在创新创业过程中，人力、财力和物力资源的协同作用是实现创新目标的关键。人力资源提供了智力支持和执行力，财力资源则是项目发展的经济基础，而物力资源为项目的实施提供了必要的物质条件。高职大学生需要学会整合这些资源，发挥各类资源的协同效应，以推动创新创业项目的顺利开展和成功实施。

资源共享与合作模式在高职大学生创新创业中具有重要的应用价值。通过资源共享，学生可以降低创业成本，提高资源利用效率。此外，合作模式能够促进不同项目之间的资源互补和知识共享，形成互利共赢的局面。实践证明，采用资源共享与合作模式的创业项目更具活力和创新能力，有助于学生创业成功。

### （三）经济激励与创业行为

经济激励不仅能激发学生的创业热情，还能影响他们的创业决策。通过设立合理的奖励机制，学校和政府可以有效地激励学生参与创业活动。奖励机制的设计应考虑学生的实际需求和创业项目的可行性，以便最大限度地激发学生的创业积极性。对于高职大学生来说，经济激励不仅是物质上的支持，更是对其能力和潜力的认可，从而增强他们的信心和创业动力。

创业补贴和资金支持政策是促进高职大学生创业行为的重要措施。这些政策能够帮助学生在创业初期克服资金不足的困境，降低经济风险。高职院校应积极与政府和企业合作，为学生提供多元化的资金支持渠道。这些支持不仅体现在直接的资金补贴，还包括提供低息贷款、创业基金等方式。通过这些政策的实施，学生可以更加专注创业项目的开发和运营，而不必过多担心经济压力，从而提高创业项目的成功率。

市场导向的经济激励措施能够引导高职大学生关注社会需求与市场动态。通过这种导向，学生可以更好地识别市场机会，并根据市场变化调整创业策略，从而提升创业项目的市场适应性。高职院校在课程设计中应融入市场分析、消费者行为等内容，帮助学生掌握市场导向的基本技能。同时，通过模拟市场环境的实践活动，学生可以在真实情境中锻炼自己的市场判断力和应变能力。

此外，经济激励与创业成果之间的关系值得深入探讨。激励措施对创业项目的成功率与可持续发展有着直接影响。合理的经济激励可以提高学生的创业积极性和项目投入度，从而提高项目的成功率。同时，持续的经济支持能够帮助学生在项目运营中不断优化和创新，实现可持续发展。高职院校应根据学生的不同需求，制订个性化的经济激励方案，以促进学生创业项目的成功。

## 四、管理学与创新创业教育的结合

### (一) 管理理论在创业中的应用

在创业过程中，管理理论为高职大学生提供了系统化的指导框架，使他们能够更好地理解和运用有限的资源，以实现创业目标。管理理论不仅帮助学生在创业初期进行有效的资源配置和风险评估，还为他们提供了在动态市场环境中保持竞争力的策略。这些理论的应用使高职大学生能够在创业过程中形成科学的决策思维，提升其在复杂商业环境中的应对能力。

战略管理作为管理理论中的重要组成部分，帮助高职大学生在创业过程中制定长期发展规划和市场定位。通过战略管理，高职大学生可以明确创业方向，识别市场机会与威胁，制定合理的竞争策略，以实现可持续发展。战略管理的应用使学生在创业初期就具备全局观，能够从长远角度规划企业的发展路径，避免短视行为对企业发展的不利影响。

组织行为学的原理在创业教育中具有重要的指导意义。通过学习组织行为学，高职大学生能够构建高效团队，提高团队协作与沟通能力。这不仅有助于增强团队的凝聚力和战斗力，还能提高团队在面对复杂问题时的解决能力。高效团队的构建是创业成功的重要保障，组织行为学为此提供了科学的理论依据和实践指导。

项目管理理论为高职大学生提供了系统化的项目规划、执行和监控方法，确保创业项目的顺利推进。在创业过程中，科学的项目管理能够帮助学生合理地安排项目进度，控制成本和质量，及时识别和应对项目风险。项目管理理论的应用使学生在创业实践中能够高效组织和协调各项资源，确保项目目标的实现。

### （二）创新管理与组织变革

创新管理与组织变革不仅是理论的结合，更是实践的指导。创新管理强调培养学生的创新意识和能力，以适应快速变化的市场环境。通过创新管理的学习，高职大学生能够掌握在复杂多变的商业环境中如何识别机会，开发新产品或服务，从而在激烈的市场竞争中脱颖而出。这种能力的培养，不仅能帮助学生在创业道路上走得更远，也能为他们的职业生涯奠定坚实的基础。

组织变革理论的应用是帮助高职大学生理解和应对创业过程中变化的关键。在创业过程中充满了不确定性和挑战，学生需要具备适应能力与变革管理能力。通过对组织变革理论的学习，学生能够更好地理解企业在不同发展阶段的需求，掌握在变革中如何保持组织的灵活性和竞争力。这种能力不仅有助于他们在创业初期的生存和发展，也为他们未来的企业管理提供了宝贵的经验和视角。

高效的创新团队构建是创新管理与组织变革中不可或缺的一部分。团队成员之间的协作与沟通是提升团队整体创新能力与执行力的基础。通过团队建设课程，学生可以学习在团队中如何发挥各自的优势，形成合力，最大化团队的创新潜力。高效的团队不仅能在创业项目中取得优异的成果，也能在面对困难时提供支持和解决方案。团队合作的经验将使学生在未来的职业生涯中更加游刃有余。

创新管理工具和方法的使用，如头脑风暴、设计思维等，是高职大学生在创业项目中生成和评估创意的有效手段。通过这些工具的应用，学生能够在创业过程中不断创新，提出切实可行的解决方案。头脑风暴能够激发学生的创造力，设计思维则帮助他们从用户的角度出发，设计出更加符合市场需求的产品和服务。这些方法的掌握，不仅提升了学生的创新能力，也为他们的创业项目提供了强有力的支持。

### （三）领导力在创业团队中的作用

在创业团队中，领导力不仅是团队管理的一部分，更是推动团队走向成功的关键因素。领导力在创业团队中促进有效沟通，提高成员之间的信息流动和协作效率。有效的沟通是团队运作的基石，领导者通过建立开放的沟通渠道，确保信息在团队中自由流动，减少误解和冲突的发生。通过这种方式，团队成员能够更好地理解彼此的想法和建议，从而提高协作效率，推动创新成果的产生。

领导者通过激励和支持团队成员，提升团队的士气和创造力，推动项目进展。创业环境充满挑战和不确定性，团队成员可能会面临各种压力和挫折。此时，领导者的激励作用尤为重要。通过认可成员的贡献，提供必要的资源和支持，领导者能够提升团队士气，使成员在困难时刻保持积极态度。此外，领导者还可以通过鼓励创新思维，营造一个开放和包容的氛围，激发团队的创造力，为项目的成功奠定坚实基础。

领导力能够帮助团队明确目标和愿景，使团队成员在共同方向上保持一致，增强团队凝聚力。一个清晰的目标和愿景是团队前进的指南针。领导者通过与团队成员共同制定目标，确保每个人都理解并认同团队的使命和方向。这种一致性不仅增强了团队的凝聚力，而且能够提高团队的工作效率，使成员在实现目标的过程中保持动力和专注。

有效的领导者能识别和利用团队成员的优势，合理分配任务，提高整体工作效率。每个团队成员都有其独特的技能和优势，领导者需要具备识别这些优势的能力，并将其合理地运用于任务分配中。通过这种方式，团队能够充分发挥每个成员的潜力，提高工作效率，减少资源浪费。这种基于优势的任务分配策略，不仅提高了团队的绩效，还增强了成员的自我价值感和归属感。

领导力在危机管理中发挥重要作用，帮助团队应对挑战和不确定性，保持稳定和积极的工作氛围。在创业过程中，团队不可避免地会遇到各种压力和挑战。有效的领导者能够在危急时刻保持冷静，迅速评估情况，制定应对策略，带领团队渡过难关。同时，领导者通过积极的沟通和情感支持，帮助团队成员保持积极的心态和稳定的工作状态，确保团队在逆境中依然能够保持高效运作和积极向上的氛围。

# 第二节　高职大学生创新创业教育的特点

## 一、高职大学生创新创业教育的多样性

### （一）教学内容的多样化

高职院校的创新创业教育在教学内容上表现出显著的多样化。这种多样化不仅体现在课程设置上，还体现在理论课程与实践课程的有机结合上，以满足不同学生的学习需求与兴趣。

1. 课程设置的多样性

课程设置的多样性是高职教育的一大特点，通过丰富的课程组合，学生能够在理论知识和实践技能之间找到平衡。理论课程通常涵盖创业管理、市场营销、财务分析等基础知识，而实践课程则通过项目实训、模拟创业等形式，让学生在真实的创业情境中锻炼自己。这种多样化的教学内容能够有效提升学生的创新思维和解决实际问题的能力。

2. 跨学科的教学内容整合

通过将经济学、管理学与技术创新等领域的知识融入创业教育，学生的综合素质得以提升。这种跨学科的整合不仅丰富了学生的知识储备，也培养了他们的跨领域思考能力和创新能力。跨学科教学能够激发学生的创造性思维，使他们能够在复杂多变的商业环境中灵活应对挑战。通过这种整合，学生不仅学习了如何创业，还掌握了如何运用多种学科知识来解决创业过程中遇到的问题。

3. 企业实习与社会实践的多样性

通过与企业合作，学校能够为学生提供真实的创业环境与经验，增强他们的实践能力。在实习过程中，学生可以直接参与企业的运营管理，了解市场需

求和商业运作模式。这种实践经历不仅让学生掌握了专业技能，还提高了他们的职场适应能力和团队协作能力。社会实践活动则通过社区服务、公益创业等形式，培养学生的社会责任感和创新精神，为他们未来的创业之路奠定坚实的基础。

4. 个性化学习路径的设计

根据学生的兴趣和职业规划，学校提供定制化的课程选择与指导。这种个性化的学习路径能够激发学生的学习动力，使他们在学习过程中更加投入。通过个性化的指导，学生能够明确自己的发展方向，制订合理的学习计划，从而在创业教育中获得更大的收获。个性化学习不仅提高了学生的自主学习能力，还增强了他们的创新意识和创业能力，为他们未来的职业发展提供了更多的可能性。

### （二）教学形式的多样化

高职大学生创新创业教育的教学形式呈现出多样化的特点，这种多样化不仅丰富了教学内容，也极大地提升了学生的学习体验。多媒体教学工具的应用是其中的重要一环，通过视频、音频和互动软件，教师能够为学生构建一个更加立体和生动的学习环境。这种方式不仅增强了学生的学习体验，还提高了他们的参与感，使教学过程更加生动和富有吸引力。此外，翻转课堂模式的引入也为学生提供了更多自主学习的机会。在这种教学模式下，学生可以在课前通过在线资源进行自主学习，而课堂则成为讨论和实践的场所。这种模式不仅提高了学生的自主学习能力，也促进了他们在课堂上积极参与和深度思考。

模拟创业竞赛是高职院校创新创业教育中的重要形式。通过这种竞赛，学生不仅能够在团队合作中锻炼自己的实战能力，还能在竞争中激发创新意识。模拟创业竞赛通常要求学生组成团队，模拟真实的创业过程，从商业计划的制订到市场营销策略的实施，这一系列环节都要求学生进行深入的思考和实践。这种竞赛不仅提高了学生的实际操作能力，还培养了他们的团队合作精神和创新思维能力。在这种实战环境中，学生能够更好地理解创业的复杂性和挑战性，从而为未来的职业发展奠定坚实的基础。

在线学习平台的使用是高职院校创新创业教育中不可或缺的一部分。这些平台为学生提供了灵活的学习资源和交流空间，支持他们进行自主学习和合作探讨。在线学习平台不仅突破了传统课堂的时间和空间限制，还为学生提供了丰富的学习资源和多样化的学习方式。学生可以根据自己的学习进度和兴趣选择不同的学习内容，并通过平台与同学和教师进行互动和交流。这种学习方式不仅提高了学生的自主学习能力，还促进了他们的合作意识和团队精神。在创新创业教育中，在线学习平台的使用为学生的全面发展提供了有力的支持。

## （三）学生参与方式的多样化

### 1. 自主选题参与项目

高职大学生创新创业教育的多样化体现在学生参与方式的多样化上，学生自主选题参与项目是其中的重要组成部分。这一方式不仅鼓励学生根据个人兴趣和市场需求提出创业项目，还能增强其主动性和创造性。通过自主选题，学生可以在真实的市场环境中锻炼自己的创新思维和市场分析能力，从而更好地适应未来的职业挑战。这种自主选择的方式，能够有效地激发学生的内在学习动机，使他们在创业过程中更具责任感和成就感，为其未来的职业发展奠定坚实的基础。

### 2. 组织创新创业工作坊

在创新创业工作坊中，学生通过实践活动在模拟环境中进行角色扮演，能够有效提升其实际操作能力和团队合作精神。通过角色扮演，学生不仅能够更好地理解企业运作的实际流程，还能在实践中锻炼自己的领导能力和决策能力。这种实践导向的教学方式，使学生能够在真实情境中感受创业的挑战和乐趣，进而提高其综合素质和职业竞争力。

### 3. 开展创业导师制

创业导师制的开展为学生提供了接受成功企业家和行业专家一对一指导的机会。这种指导不仅促进了学生与实践者之间的经验交流，还为学生提供了宝贵的行业洞察和职业建议。在导师的指导下，学生可以更好地理解行业动态和市场趋势，从而在创业过程中作出更为明智的决策。导师制的实施，不仅丰富了学生的学习体验，还为他们提供了宝贵的人脉资源和职业指导，助力其职业发展。

### 4. 利用社交媒体平台

通过社交媒体平台，学生可以分享创业想法和项目进展，促进线上社区的互动与合作。社交媒体不仅为学生提供了展示自己创意的平台，还激发了集体智慧，推动了跨学科和跨地域的合作。这种互动和合作，不仅拓宽了学生的视野，还增强了他们创新能力和团队协作能力，为他们未来的职业发展提供了新的可能性。

5. 设立创业俱乐部

创业俱乐部的设立为学生提供了一个交流和合作的平台。在创业俱乐部，学生可以通过定期举办的讲座、研讨会和实践活动，增强他们的归属感和参与感。这些活动不仅丰富了学生的课外生活，还为他们提供了一个锻炼和展示自我的舞台。在创业俱乐部中，学生可以结识志同道合的伙伴，共同探讨创业的可能性和未来的发展方向。这种社群化的学习方式，不仅提升了学生的社交能力和合作意识，还为他们的创业实践提供了更多的支持和资源。

## 二、高职大学生创新创业教育的实践导向

### （一）实践教学模式

实践教学模式强调真实创业环境的模拟，通过与企业的深入合作以及多样化的项目实践，让学生在实际操作中逐步掌握创业技能。实践课程不仅是理论知识的延伸，更是学生将理论应用于实际情境的桥梁。通过这种教学模式，学生能够在真实或半真实的商业环境中进行角色扮演，体验创业过程中的挑战与机遇，从而培养学生解决问题的能力和创新思维。

在实践教学中，采用项目导向的学习方式是提高学生实践能力的重要途径。学生在团队中承担不同角色，这不仅锻炼了其协作能力，还提升了项目管理能力。在这个过程中，学生需要面对团队内部的沟通与协调，处理项目推进中的各种问题，从而积累宝贵的实践经验。项目导向的学习方式使学生能够在实践中检验和完善自己的创业构思，增强对创业过程的全面理解和掌控能力。

此外，创业竞赛和创新挑战作为实践教学模式中的重要组成部分，极大地激发了学生的创造力与竞争意识。在这些活动中，学生需要在有限的时间内提出创新的解决方案，并在竞争中展示自己的成果。通过参与这种实践活动，学生不仅能够提升创业能力，还能更好地适应市场变化。这种竞赛形式的实践教学，不仅锻炼了学生的应变能力，也为他们提供了一个展示和检验自身能力的

平台，有助于其未来创业的成功。

## （二）校企合作实践

通过校企合作，高职院校能够为学生提供真实的创业环境，学生在企业实习和项目实践中，不仅可以增强实际操作能力，还能提高市场适应性。这样的实践导向教育模式，使学生能够在真实的商业环境中得到锻炼，感受企业运作的方方面面，从而为未来的职业发展做好充足准备。企业的参与为学生提供了一个从理论到实践的过渡平台，使学生在实践中检验和应用所学知识。

校企合作不仅是提供实习机会，更重要的是将企业的资源和经验引入课堂。通过这种合作，学生能够更好地理解行业需求和市场动态，加强创新创业意识。企业专家的讲座和案例分享，使学生能够紧跟行业发展步伐，了解最新的市场趋势和技术革新。这种理论与实践的结合，有助于学生在学习过程中形成系统的行业视角，增强其对未来职业生涯的规划能力。

在校企合作的框架下，学生有机会参与企业的实际项目，这不仅能培养他们的团队合作能力，还能锻炼项目管理技能。通过参与真实项目，学生可以体验项目从构思到实施的全过程，学会如何在团队中协作，如何分配任务，以及如何解决项目中遇到的各种问题。这种经历为学生未来的创业活动奠定了坚实的基础，使他们在面对复杂的商业环境时能够从容应对。

校企合作还为学生提供了宝贵的创业导师支持。通过邀请企业家和行业专家进行指导，学生可以获得专业的建议和反馈。这些导师不仅能帮助学生解决创业过程中遇到的具体问题，还能帮助他们建立广泛的人脉网络和获取创业资源。通过与行业领袖的接触，学生能够获得难得的视角和经验，对其创新创业之路有着深远的影响。这样的支持体系，极大地提高了学生的创业成功率。

## （三）创业项目实训

创业项目实训的核心在于通过实际操作，使学生能够模拟真实的创业环境。这种实训不仅是理论知识的简单应用，更是对学生创新思维和实践能力的全面锤炼。在实训过程中，学生需要进行市场调研，撰写商业计划书，并进行财务管理。这些实践活动旨在帮助学生掌握创业所需的核心技能和知识，确保实训的针对性与有效性。这种以实践为导向的教育模式，有助于学生在真实情境中提升其应对复杂商业环境的能力。

创业项目实训的目标设定是确保学生在实训中能够明确所需掌握的创业技能和知识。通过精心设计的实训目标，学生在参与实训时能够有明确的方向和动力。这样的目标设定不仅提高了实训的有效性，也使学生在实践过程中能够更好地理解和应用所学知识。在实训中，学生通过模拟真实的创业情境，能够更深入地理解市场运作机制，培养其市场敏感度和决策能力。这种实训模式为学生提供了一个安全的试错环境，使他们能够在实践中不断提高自己的能力。

在创业项目实训中，团队合作与角色分工是不可或缺的元素。通过团队合作，学生能够在实训过程中更好地发挥各自的优势，提高整体项目的执行力。角色分工的明确，使学生能够在团队中找到自己的定位，并在合作中学习如何与他人进行有效沟通和协作。这种合作经验不仅有助于提升学生的团队协作能力，也为他们未来的创业实践提供了宝贵的经验。通过团队合作，学生能够在实训中更好地实现创新思维的碰撞和融合。

实训成果的评估与反馈是创业项目实训的重要环节。通过对实训成果的评估，学生能够清晰地了解自身的优势与不足，并在此基础上进行反思和总结。反馈机制的建立，使学生能够及时获得指导和建议，帮助他们在后续的实训中不断改进和提升。这样的评估与反馈不仅提高了学生的反思能力，也增强了他们的持续改进意识。这种能力的培养，为学生未来的创业实践奠定了坚实的基础，使他们能够在不断变化的商业环境中保持竞争力。

## 三、高职大学生创新创业教育的职业相关性

### （一）职业技能与创业能力结合

职业技能与创业能力的结合是高职大学生创新创业教育的核心特征。在这一教育模式中，学生不仅需要掌握扎实的职业技能，还需具备一定的创业能力。这种结合要求高职院校在课程设置上，注重实用性和创新性的平衡。职业技能的培养不再仅仅局限于传统的技术训练，而是融入了创业思维的培养，使学生在未来的职业生涯中，既能胜任专业技术工作，又能具备创业的潜力和能力。通过这种教育模式，学生能够更好地适应快速变化的市场需求，具备在复杂的商业环境中独立生存和发展的能力。

高职大学生在创新创业教育中，应掌握的核心职业技能包括市场调研、商业计划书撰写和财务管理等。这些技能是增强学生创业能力的关键。市场调研

能力帮助学生了解市场动态和消费者需求，为创业项目的定位和发展提供科学依据。商业计划书的撰写能力则是学生将创业想法转化为可行计划的基础，能够有效沟通项目价值和实现路径。财务管理能力则是保障创业项目可持续发展的重要技能，帮助学生在创业过程中合理规划和管理资金。通过系统的教育和训练，学生可以在创业过程中更具竞争力。

职业技能的培养应与实际创业项目相结合，通过实践活动提升学生在真实环境中的操作能力与适应能力。在高职教育中，理论学习和实践操作是相辅相成的。通过参与真实的创业项目，学生可以将课堂上学到的理论知识应用到实践中，体验创业过程中的挑战和机遇。这种实践活动不仅提升了学生的操作能力，还增强了他们在面对不确定性时的适应能力，使他们毕业后能够更快地融入职场，甚至能够自主创业。

此外，强调团队合作能力的培养，促进学生在团队中发挥各自的优势，提高整体项目的执行力与创新能力。团队合作是现代职场和创业活动中不可或缺的能力。在高职创新创业教育中，学生常常被组织成一个团队，共同完成项目。这种教育方式不仅锻炼了学生的合作能力，还帮助他们认识到团队中不同角色的重要性。通过团队合作，学生能够学习如何在多样化的背景下，整合资源和信息，提高项目的执行力和创新能力，从而为未来的职业发展奠定坚实基础。

### （二）职业发展路径的创新支持

职业发展路径的创新支持不仅是对学生未来就业的保障，更是培养他们创新能力的重要途径。通过建立多元化的职业发展支持体系，学校可以有效地整合校内外资源，为学生提供全面的职业规划、就业指导和创业咨询服务。这种支持体系的建立，不仅有助于学生明确职业发展方向，还能帮助他们在选择职业时作出更为理智的决策。通过这种方式，学生毕业后能够更好地融入社会，实现个人价值与社会价值的统一。

职业发展课程和工作坊的设置是高职院校支持学生职业发展的重要措施。这些课程和工作坊旨在培养学生的职业素养和创新思维，使他们在竞争日益激烈的就业市场中具备更强的竞争力。通过系统的课程设计，学生可以学习到职业生涯规划、职场礼仪、沟通技巧等实用技能。同时，工作坊提供了一个实践平台，学生可以在模拟环境中锻炼自己的创新思维和解决问题的能力。这样的教育模式，有助于学生在未来的职业生涯中灵活应对各种挑战。

鼓励学生参与行业实习与项目合作是提升实践能力的重要途径。在实习和项目合作中，学生能够接触到真实的工作环境，积累宝贵的实践经验。这不仅有助于他们应用理论知识，还能帮助他们建立广泛的职业网络。通过实习，学生可以更好地了解行业动态，掌握最新的技术和趋势，从而在职业发展中占得先机。此外，项目合作也为学生提供了与业内人士交流学习的机会，能够进一步提升他们的实践能力和职业素养。

创业孵化器和创新实验室的设立为有创业意向的学生提供了一个良好的发展平台。在这里，学生不仅可以获得资金和设备的支持，还能接受专业的指导和培训。这些资源为学生的创业项目从构想到实施提供了坚实的保障。通过在孵化器和实验室中的实践，学生可以不断完善自己的创业项目，提高项目的可行性和市场竞争力。这样的支持，不仅激发了学生的创业热情，也为社会培养了更多具有创新精神和实践能力的高素质人才。

### （三）职业资格与创业实践的对接

通过将职业资格认证课程纳入教学体系，学生能够深入了解与创业相关的行业标准和要求。这不仅提升了他们的专业素养，还为他们的创业提供了坚实的理论基础。职业资格认证课程的设置，使学生在学习过程中能够接触到最新的行业动态和技术标准，从而在创业时能够更好地适应市场的变化和需求。这种课程的设计，旨在培养学生的行业敏感性和专业能力，为他们的创业之路奠定坚实的基础。

将实践项目与职业资格培训相结合，是增强学生实战能力的有效途径。通过这种结合，学生在学习理论的同时，能够参与到实际的创业项目中去，积累实战经验。这种实践与理论的结合，使学生在面对市场挑战时，能够更加从容和自信。通过参与实践项目，让学生可以在真实的商业环境中应用所学知识，提高解决问题的能力和创新思维。这种教学模式，不仅提高了学生的实践能力，也增强了他们在创业过程中的市场竞争力。

建立与行业协会和认证机构的合作关系，为学生提供职业资格考试的资源和支持，是促进职业发展与创业实践无缝对接的重要措施。通过这种合作，学生可以获得更多的行业信息和资源支持，提升他们的职业资格考试通过率。这种合作不仅为学生提供了更多的学习和实践机会，也为他们的创业实践提供了重要的行业支持。通过这种资源共享和互相支持，学生在创业过程中能够获得更多的行业指导和帮助，提升创业成功的可能性。

设置创业实践中的职业资格评估机制，是确保学生在完成创业项目时能够获得相应资格认证的重要手段。这种评估机制，不仅为学生提供了明确的学习目标，也为他们的职业发展提供了重要的参考标准。通过这种评估机制，学生在创业实践中能够不断提升自己的专业能力和职业素养，增强就业竞争力。这种机制的设置，旨在帮助学生在创业过程中不断成长和进步，为他们的职业生涯发展提供持续的动力和支持。

## 四、高职大学生创新创业教育的区域适应性

### （一）区域经济发展需求

区域经济发展的特点和需求对高职大学生创业教育的内容设置提出了具体要求，确保学生所学知识与当地产业相结合。这种结合不仅能够提高学生的就业适应性，更能在创业过程中提高成功率。在设置课程时，高职院校应充分考虑区域经济的主导产业和新兴行业，确保教育内容的针对性和实用性。通过这种方式，学生可以在毕业后迅速融入当地经济环境，并为区域经济的发展贡献力量。

高职大学生创新创业教育应特别关注区域内重点发展的行业和领域。这种关注不仅能够提升学生的就业适应性和创业成功率，还能为区域经济注入新活力。在学习过程中，学生应通过项目实践和案例分析，深入了解本地市场的需求和趋势。高职院校可以通过与本地企业的合作，提供真实的商业环境和资源，让学生在校期间就能积累实战经验，从而在毕业后具备更强的市场竞争力。

区域经济发展中的资源优势与市场需求为高职大学生提供了创业机会。学生可以根据当地的资源特点和市场需求进行项目选择，充分利用区域的资源优势，开发具有竞争力的产品和服务。高职院校应鼓励学生在创新创业过程中，积极探索和利用本地的自然资源、人力资源和技术资源，形成独特的商业模式。这不仅能激发学生的创业热情，也能为区域经济发展提供新的增长点。

区域特色文化与经济特点的融合为高职大学生的创新创业提供了独特的视角和灵感。在学习过程中，学生应深入了解当地的文化背景和经济特点，激励他们挖掘本地市场的潜力。通过文化与经济的结合，学生可以开发出具有地方特色的创新产品和服务，增强市场竞争力。高职院校应鼓励学生在创业过程中，充分利用区域文化资源，形成具有文化内涵和经济价值的创业项目，为区域经济发展注入新的活力。

## （二）地方产业特色

通过识别与分析地方产业特色，学生能够深入了解本地区的主要经济支柱及其发展潜力。这样不仅有助于他们选择合适的创业方向，还使他们在创业过程中更具针对性和实效性。地方产业的识别与分析需要结合经济数据、市场趋势以及政策导向等多方面信息，帮助学生建立对本地经济环境的系统认识。这种认识为他们在创业过程中作出明智决策奠定了坚实的基础。

1. 结合地方特色产业进行创业项目设计

鼓励学生围绕当地资源和市场需求进行创新，不仅可以提升创业成功率，还能推动地方经济的发展。通过设计与地方特色产业紧密相关的创业项目，学生能够在真实的市场环境中验证其创意的可行性和市场潜力。这种实践不仅提高了学生的创业能力，也为地方经济注入了新的活力和动力。

2. 地方企业的实践合作

通过与地方企业的合作，学生可以深入了解特定行业的运营模式和发展趋势，培养其在该行业中的专业技能与创业意识。这种合作形式包括企业实习、项目合作以及企业家进校园等多种方式。通过实践合作，学生不仅能够提升自身的职业素养，还能为未来的创业打下坚实的基础。

3. 将地方文化和传统工艺作为创业项目的核心

地方文化和传统工艺蕴含着丰富的历史和人文价值，通过将它们融入创业项目，学生可以在创新中传承文化，推动地方特色产品的创新和市场推广。这种结合不仅有助于保护和弘扬地方文化，还能为地方经济发展提供新的增长点和机遇。

4. 建立地方产业与高职院校之间的长期合作机制

地方产业与高职院校合作机制可以为学生提供丰富的实习和就业机会，使他们在实践中巩固所学知识，提升职业竞争力。通过与地方产业的紧密结合，高职院校不仅可以提升自身的教育质量和社会影响力，还能为地方经济发展提供强有力的人才支持和智力保障。这种双赢的合作模式，为高职大学生的创新创业教育开辟了新的路径和空间。

## （三）区域文化影响因素

区域文化作为一种深层次的社会背景，对高职大学生的创新创业教育产生了多重影响。

首先，区域文化的独特性在很大程度上塑造了学生的创业意识和态度。学生在成长过程中潜移默化地受到当地文化的熏陶，这种文化影响了他们对创业的认知框架和价值判断。例如，在一些以商业活动为主的地区，学生可能更倾向于接受创业作为一种职业选择，认为创业是一种实现个人价值和社会价值的重要途径。而在文化氛围较为保守的地区，学生可能更倾向于稳定的就业选择，对创业持观望态度。因此，理解区域文化的特性对于有效开展高职院校的创新创业教育是至关重要的。

其次，地方文化的价值观和传统习俗也在很大程度上影响了学生的创业选择与项目设计。在某些地区，传统手工艺或特定产业具有悠久的历史和文化积淀，这些都可能成为学生创业项目的重要灵感来源。学生在设计创业项目时，往往会考虑如何将这些传统元素融入现代商业模式中，以吸引市场的关注和消费者的兴趣。例如，在一些具有丰富文化遗产的地区，学生可能会选择开发与文化旅游相关的创业项目，以此来传承和创新地方文化。在这种情况下，地方文化不仅是创业项目的背景，更是其核心竞争力所在。

再次，区域文化中成功创业故事和人物的存在，对学生具有极大的激励作用。这些成功案例不仅展示了创业的可能性，也为学生提供了可供借鉴的经验和策略。在高职院校的创新创业教育中，通过分析和学习这些成功案例，学生能够更好地理解创业面临的挑战与机遇，增强他们的创业信心与动力。成功创业者往往被视为榜样，他们的经历可以激励学生勇敢地追求自己的创业梦想，并在遇到困难时坚持不懈。因此，区域文化中的成功创业故事是激发学生创业热情的重要资源。

最后，地方文化与社区需求的结合为高职大学生提供了具有市场潜力的创业项目方向。区域文化不仅影响着学生的创业理念，还决定了当地市场的需求特征。在进行创业项目设计时，学生应充分考虑地方文化与社区需求之间的互动关系，以确保项目的可持续性和市场适应性。通过对地方文化和社区需求的深入分析，学生可以找到创新创业的切入点，开发出既符合文化特色又满足市场需求的创业项目。这种结合不仅提高了项目的成功率，也促进了地方经济的发展和文化的传承。

# 第三节　高职大学生创新创业教育的意义

## 一、提升学生综合素质与能力

### （一）创新思维的培养

创新思维不仅是一种能力，更是一种在复杂问题中寻找独特解决方案的思维方式。其定义涵盖了创造力、批判性思维和解决问题的能力，这些特征使创新思维在现代教育中成为不可或缺的组成部分。通过帮助学生理解创新思维的本质，教育工作者可以为他们提供一个在快速变化的社会中获得成功的工具。创新思维的培养不仅有助于学生在学术上取得进步，更为他们在未来的职业生涯中应对各种挑战做好准备。

在高职教育中，实践活动和项目导向学习是培养学生创新思维能力的有效途径。通过参与实际项目，学生能够将课堂所学的理论知识应用于真实情境中，这不仅加深了他们对知识的理解，也提高了他们解决实际问题的能力。这种学习方式强调学生的主动参与和自主学习，鼓励他们在探索和实验中发现问题、提出假设并进行验证。实践活动的多样性和项目的真实性使学生在学习过程中能够体验到创新思维的实际应用，从而增强他们的创新能力和自信心。

为了激发学生的创造力并促进其在团队合作中的创新表现，教育者可以运用多样化的教学方法，如头脑风暴和设计思维等。这些方法为学生提供了一个开放的思考空间，使他们能够自由地表达自己的想法，并从他人的观点中获得启发。头脑风暴鼓励学生在短时间内产生大量的创意，而设计思维则引导他们通过迭代的过程不断完善这些创意。在团队合作中，通过分工和协作，学生不仅能够提高自身的创新能力，还能在与他人的互动中学习如何有效地沟通和合作。

此外，建立创新思维评估机制是创新思维培养过程中不可忽视的一环。通过评估，学生可以获得关于自身创新潜力的反馈，明确自己的优势和不足。反思是评估的重要组成部分，它帮助学生在总结经验的基础上持续改进其思维方式与实践能力。教育工作者可以通过定期的反馈和指导，帮助学生识别创新过程中的关键环节，鼓励他们在反思中寻求进步。评估机制的建立不仅为学生指明了成长的方向，也为教育者改进教学策略提供了依据。

### （二）实践能力的提升

实践能力的提升在高职大学生的创新创业教育中扮演着至关重要的角色。通过参与真实项目，学生能够在实践中锻炼市场调研、商业计划书撰写等核心创业技能。这些活动不仅增强了学生的实际操作能力，还为他们提供了一个将理论知识转化为实际应用的平台。通过市场调研，学生可以深入了解市场需求、消费者行为及竞争对手的策略，这些信息是制订有效商业计划书的基础。撰写商业计划书的过程则进一步培养了学生的逻辑思维能力和商业敏感度，使他们能够更好地应对未来创业中的各种挑战。

创业竞赛和创新挑战等实践活动为学生提供了实战平台，激发其创造力与竞争意识。这些活动通常要求学生在有限的时间内提出创新的解决方案，并与其他团队进行竞争。在这个过程中，学生不仅需要发挥个人的创造力，还需要与团队成员密切合作，提升团队协作能力。通过这种竞争环境，学生能够培养出在压力下快速思考和决策的能力，这对于未来的职业发展和创业实践都是极为宝贵的经验。这些竞赛和挑战不仅是对学生知识和技能的检验，更是对其心理素质和应变能力的考验。

校企合作项目是高职院校创新创业教育的重要组成部分，这些项目使学生能够在真实的企业环境中实习，获得宝贵的工作经验。在企业实习期间，学生有机会接触到实际的业务流程和行业标准，这使他们能够更好地理解行业需求，并提高就业适应能力。通过校企合作，学生不仅可以将课堂上学到的理论知识应用于实际工作中，还能从中获得企业导师的指导和反馈，这对于他们的职业规划和技能提升具有重要的推动作用。在这样的环境中，学生的实践能力得到了全面的锻炼和提升。

通过反思与评估实践成果，学生能够识别自身的优点与不足，增强改进意识，促进其持续学习与能力提升。在实践活动结束后，反思是一个重要的环节。学生通过对实践过程和结果的评估，能够清晰地认识到自身在技能和知识上的不足之处，以及需要改进的方面。这种自我评估的过程不仅帮助学生明确未来的学习方向，还培养了他们的批判性思维和自我管理能力。通过不断的反思和改进，学生可以在实践中不断提升自己的能力，为未来的职业发展和创业之路打下坚实的基础。

## 二、促进学生就业与职业发展

### （一）就业竞争力的增强

1. 创业项目实训

通过创业项目实训，学生能够在真实的商业环境中锻炼其市场调研、商业计划书撰写等核心技能。这种实践导向的教育模式使学生不仅仅停留在理论层面，而是能够将所学知识应用于实际操作中，从而提升其职场竞争力。在创业项目中，学生面临的挑战和问题往往是多样化的，这需要他们具备良好的问题解决能力和创新思维。此外，这种实训经历也为学生提供了一个探索自我、发现兴趣的机会，使他们在未来的职业选择中更具方向性和目标感。

2. 校企合作

校企合作是促进学生就业竞争力的重要途径。通过校企合作，学生能够获得更多的实习机会，使其在实际工作中积累经验。实习不仅能帮助学生了解企业运作和行业需求，还能增强他们对未来职业发展的信心。通过在企业环境中的实战训练，学生能够更好地理解行业标准和职业规范，从而提高就业适应能力。校企合作的优势在于将课堂学习与企业实践相结合，使学生在毕业时不仅具备扎实的理论基础，还拥有丰富的实践经验，这使他们在求职市场中更具竞争力。

3. 创业竞赛和实践活动

参与创业竞赛和实践活动是提升学生就业竞争力的一个重要途径。在这些活动中，学生能够展示其创新能力和团队合作精神，这些都是现代职场中非常看重的素质。通过参与竞赛，学生不仅能够锻炼自己的创新思维和项目管理能力，还能在与同行的竞争中脱颖而出，提升个人在求职市场上的吸引力。此外，创业竞赛往往会吸引众多企业和投资者的关注，这为学生提供了一个展示自我和获得职业机会的平台。通过这样的实践活动，学生能够积累宝贵的经验和人脉资源，为未来的职业发展奠定坚实的基础。

4. 职业导向课程设计

职业导向课程设计在提升学生就业竞争力方面也发挥着重要作用。这些课程专注于帮助学生掌握与市场需求紧密相关的知识与技能，使其在就业时具备更强的职业竞争力。课程内容往往结合行业发展趋势和企业实际需求，确保学生所学与市场需求无缝对接。通过这种课程设计，学生能够更好地理解行业动态，掌握最新的技术和方法，从而在求职时具备明显的优势。此外，职业导向课程还注重培养学生的软技能，如沟通能力、团队合作能力和领导力，这些都是现代职场中不可或缺的素质。通过全面的课程设计，学生能够在毕业时形成良好的职业素养，为其职业生涯的发展打下坚实的基础。

### （二）职业规划能力的提升

通过职业规划课程，学生能够明确自身的职业目标和发展方向。这些课程不仅能帮助学生提升对未来职业生涯的认知，还能指导他们进行科学的职业规划。课程通常涵盖职业兴趣测试、职业路径分析等内容，使学生能够更好地了解自身的兴趣与能力，进而制订合理的职业发展计划。这种认知的提升，不仅有助于学生在毕业后快速融入职场，还能提高他们在职场中的竞争力与适应能力。

职业咨询服务在提高学生职业规划能力方面也发挥着重要作用。通过专业的职业咨询，学生可以深入分析自身的优势与市场需求，从而制订个性化的职业发展计划。咨询服务通常由经验丰富的职业指导老师提供，他们会根据学生的个人情况，给予具体的建议和指导。这种个性化的服务，有助于学生更清晰地认识自己的职业方向，并在激烈的就业市场中找到适合自己的位置。同时，职业咨询服务也帮助学生增强职业适应能力，使他们能够更从容地应对职业生涯中的各种挑战。

组织职业发展讲座和工作坊是提升学生职业规划能力的另一种有效方式。通过邀请行业专家分享职业发展经验，学生能够拓宽视野，激发职业规划的灵感与思考。这些活动不仅提供了一个与行业前辈交流的平台，还能让学生了解不同职业领域的最新动态与趋势。通过与专家的互动，学生可以获得宝贵的职业建议，并在职业选择上更加理性和成熟。这种实践性强的学习方式，有助于学生在职业规划中形成创新思维，提高其综合素质。

实习与校企合作为学生提供了在真实工作环境中探索职业兴趣的机会。通过实习，学生可以将课堂上学到的理论知识应用到实际工作中，积累宝贵的实践经验。这不仅能帮助他们更好地进行职业规划与选择，还能提高他们的就业竞争力。校企合作项目则为学生提供了更多接触企业和了解行业的机会，使他们能够在实践中不断调整和完善自己的职业规划。通过这种深度的实践体验，让学生在毕业时更加自信和从容地迈入职场，实现职业发展的顺利过渡。

## 三、增强学生社会责任感与使命感

### （一）公民意识的培养

创新创业教育过程中，老师应通过课程设计和教学活动，引导学生识别并关注社会中的不平等与不公平现象。这种识别能力的培养，不仅增强了学生的公民责任感，还使他们在未来成为更具社会责任感的公民。通过这种教育方式，学生能够在认识到社会问题的同时，积极思考如何通过创新创业去解决这些问题，从而为社会的和谐发展贡献力量。

鼓励学生参与社会服务和公益活动是培养公民意识的重要途径。在参与这些活动的过程中，学生能够通过实践体验，提升对社会责任的理解。这不仅帮助学生更好地理解自身在社会中的角色，也培养了他们服务社会的意识和能力。通过实际的社会服务活动，学生能够将课堂上学习到的理论知识应用于实践，从而更深刻地理解社会责任的内涵。通过这样的实践体验，不仅丰富了学生的学习经历，也为他们将来的职业生涯奠定了坚实的基础。

同时，创新创业教育还应该引导学生关注可持续发展和社会企业的理念。在创业过程中，学生应被培养成能够考虑社会影响和环境保护的创业者。这种意识的培养，是增强其作为公民的使命感的重要组成部分。通过教育的引导，学生能够认识到创业不仅是为了追求经济利益，更需要考虑其对社会和环境的长期影响。这样的教育理念，不仅提升了学生的社会责任感，也为社会的可持续发展培养了更多有责任感的创新创业人才。

### （二）社会参与能力的提升

通过参与社会服务项目，学生不仅能够实践和提升其组织能力和沟通技巧，还能增强对社会问题的理解与解决能力。这种实践经验使学生在面对复杂的社会环境时，更加自信和从容。社会服务项目通常涉及多方协调和资源整合，学生在此过程中学习到的项目管理和团队协作技能，将成为他们未来职业生涯中的重要财富。此外，这些项目往往直接关系到社会的实际需求，学生在解决这些问题的同时，也在不断提升自身的社会责任感和使命感。

鼓励学生参与志愿者活动是培养其服务意识和团队合作精神的重要途径。志愿者活动不仅是学生回馈社会的一种方式，也是他们了解社会、融入社会的一个窗口。在志愿服务中，学生能够接触到不同的社会群体，了解他们的需求和困境，这种经历能够加深学生对社会现状的理解。在团队合作中，学生需要协调分工，互相支持，这种经历有助于培养他们的团队合作精神和领导能力。通过这些活动，学生不仅增强了社会责任感，也为将来更好地服务社会奠定了基础。

社会调研活动是学生深入了解社区需求的重要手段。在调研过程中，学生需要运用所学的理论知识，结合实际情况进行分析和判断。这一过程不仅提高了学生的分析和解决实际问题的能力，也增强了他们的社会参与意识。通过与社区居民的直接交流，学生能够更真实地感受到社会问题的复杂性和多样性，这种经历有助于他们在未来的学习和工作中，始终保持对社会的敏感性和责任感。调研活动的成果也为社区发展提供了有益的建议，体现了学生的社会价值。

组织学生参与公益创业项目，是培养他们将创新思维与社会需求相结合的能力的有效方式。在这些项目中，学生需要识别社会问题，提出创新的解决方案，并通过创业实践将这些方案付诸实践。这不仅锻炼了他们的创新能力，也提升了他们的社会影响力和责任感。公益创业项目要求学生在追求经济效益的同时，兼顾社会效益，这种双重目标的实现，增强了学生的使命感和社会责任感。通过这样的实践活动，学生不仅为社会作出了贡献，也为自己的职业发展积累了宝贵的经验和资源。

## 四、支持区域经济发展与社会进步

### （一）区域经济发展的推动

高职大学生在接受创新创业教育的过程中，能够积极响应区域经济发展的需求。这种教育模式强调培养学生与地方产业相适应的创业技能，使他们能够更好地融入当地经济体系，促进区域经济的活力与增长。通过实践，他们不仅获得了理论知识，还在真实的经济环境中锻炼了自己的能力。这种能力的提升不仅限于个人发展，同时也为区域经济注入了新鲜血液，推动了整体经济的进步。

区域经济发展为高职大学生提供了丰富的创业机会，使他们能够充分利用当地的资源和市场需求，开展具有地方特色的创业项目。这些项目通常结合了区域的独特优势和学生的创新思维，能够在短时间内获得市场认可。通过这样的创业实践，学生不仅实现了自身的职业发展，还促进了区域经济的多元化和可持续发展。

高职院校与地方政府、企业的合作是创新创业教育中的重要环节。这种合作关系能够有效地整合各方资源，为学生提供更多的实践机会。通过与地方企业的密切联系，学生能够更深入地理解区域经济的运作模式，并在实践中积累宝贵的经验。这种合作模式不仅有助于学生的成长，也为地方经济的发展提供了人才支持和智力保障。

此外，创新创业教育的实施还增强了高职大学生的社会责任感。在创业过程中，学生逐渐意识到可持续发展和社会效益的重要性。他们在创业项目中融入了环保、公益等元素，努力为区域经济的长远发展贡献力量。这种社会责任感的培养，使学生在实现个人价值的同时，也为社会的进步和经济的可持续发展作出了积极的贡献。

### （二）社会进步的促进作用

通过参与创新创业教育，高职学生能够积极响应社会需求，推动社会服务项目的开展，从而提升社会福祉与公共利益。这种教育模式不仅培养了学生的创新能力，还增强了他们对社会问题的敏感性和解决能力，使他们能够在实践中更好地服务社会。高职大学生在接受创新创业教育的过程中，学会如何将理论应用于实际问题的解决，进而推动社会的整体进步。

创新创业教育赋予高职大学生解决社会问题的能力，鼓励他们在创业过程中关注社会责任和环境保护，进而促进可持续发展。在教育过程中，学生被引导去思考如何在创业中实现经济效益与社会效益的平衡。通过这种教育，学生不仅能够在商业上取得成功，还能对社会产生积极影响。他们学习的社会责任感和环境保护意识，使他们在未来的职业生涯中，能够更自觉地考虑企业对社会和环境的影响。

通过社会参与和公益活动，高职大学生在实践中增强了对社会问题的敏感性和解决能力。创新创业教育鼓励学生参与各种社会活动，使他们在实践中不断提高自己的综合素质和能力。这种教育形式帮助学生更好地理解社会需求，并在解决实际问题时，能够提出切实可行的方案。通过这种方式，学生不仅提升了个人能力，也为社会的整体进步贡献了力量。

高职大学生在创新创业教育中培养的团队合作与领导能力，使他们能够更有效地组织和参与社区发展活动，促进社会的和谐与稳定。团队合作是创新创业教育的重要组成部分，学生在团队中学习如何有效沟通、分工协作以及解决冲突。通过这些实践活动，学生不仅提高了自身的组织能力和领导能力，还为社区的发展注入了新的活力。他们的积极参与和贡献，有助于促进社会的和谐与稳定，推动社会的持续进步。

# 第二章　高职大学生创新创业教育的课程体系设计

## 第一节　创新创业教育课程的设置原则

### 一、创新创业教育课程设置的目标导向原则

#### （一）课程目标明确性

在设计课程时，首先需要确保课程目标的清晰性和可达成性，以便学生能够明确学习的方向和预期的成果。课程目标应与高职大学生的职业发展需求紧密结合，以培养其创新能力和创业意识为核心。具体而言，课程需要为学生提供创新思维训练和创业实践机会，从而使他们能够在未来的职业生涯中具备创新和创业的基本素养。这种目标导向性不仅有助于学生的个人发展，也为社会培养出具备创新精神和创业能力的人才，推动经济的可持续发展。

课程目标的设定应涵盖理论知识与实践技能的有机结合。高职院校教育的特点决定了其不仅需要传授学生扎实的理论基础，还需注重实践能力的培养。因此，课程设计中需确保理论与实践的比例合理，教学内容应以实际应用为导向，培养学生在真实情境中解决问题的能力。通过这种方式，学生能够在课堂内外灵活运用所学知识，增强其在创新创业领域的竞争力。此外，课程还应鼓励学生进行自主学习和探索，以激发其潜在的创新能力。

在课程目标设定过程中，还需考虑到不同专业背景学生的特点，制订相应的差异化培养方案。高职院校大学生的专业背景多样，这要求课程设计须具备一定的灵活性和适应性。通过针对不同专业的学生量身定制课程内容和教学方法，可以更好地满足多样化的学习需求。例如，针对工科背景的学生，课程可以侧重于技术创新与产品开发；而对于管理类专业的学生，则可以加强创业管理与市场运作的教学。这种差异化的培养方案不仅提高了课程的针对性，也增强了学生的学习积极性和参与感。

此外，课程目标的设定需与社会经济发展动态相结合，及时调整以适应市

场变化和行业需求的最新趋势。创新创业教育的一个重要任务是培养学生的市场敏感度和适应能力。因此，课程设计需紧跟时代步伐，及时更新教学内容和方法，以确保学生能够掌握最新的行业动态和技术革新。这不仅要求教师具备前瞻性的视野，还需与行业专家和企业保持紧密的联系，获取第一手的市场信息。通过这种方式，课程能够更好地服务于学生的职业发展，同时为社会经济的创新发展提供有力的人才支持。

### （二）目标与学生需求匹配

高职院校大学生的职业兴趣和未来就业方向是课程设计的基石，课程内容应紧密围绕这些方向展开，以确保学生所学知识能够直接应用于实际工作中。高职教育的特点决定了其课程不仅要传授理论知识，更要注重实践能力的培养。因此，课程设计者需要深入了解学生的职业规划，将课程内容与学生的职业兴趣相结合，从而提高学生的学习动机和课程参与度。

同时，课程设计需充分考虑学生的学习方式和习惯。高职院校大学生通常具有多样化的学习背景和个性化的学习需求，因此，采用多样化的教学方法显得尤为重要。通过运用案例分析、项目导向学习、模拟实训等多种教学策略，可以有效地提升学生的学习效果。这些方法不仅能够激发学生的创新思维，还能提高他们在真实工作环境中的适应能力和解决问题的能力。

为了确保课程内容能够持续满足学生的学习需求，定期收集学生的反馈意见是必要的。通过问卷调查、座谈会等形式，了解学生对课程内容、教学方法的看法和建议，能够为课程的优化提供重要参考。及时调整课程内容，以更好地满足学生的学习需求和期望，是课程设计者需要持续关注的任务。通过这种反馈机制，课程能够保持与时俱进，学生的学习体验也将得到不断提升。

此外，与行业企业的合作是高职院校创新创业教育课程设计的重要环节。邀请行业专家参与课程设计，不仅可以确保课程内容与市场需求紧密对接，还能为学生提供最新的行业动态和实践经验。行业专家的参与能够为课程增添实用性和前瞻性，使学生在校期间就能接触到行业前沿知识和技能。这种校企合作模式，不仅有利于学生的职业发展，也有助于提升课程的整体质量和影响力。

## 二、创新创业教育课程设置的实用性原则

### （一）实践技能培养

1. 实践教学与理论知识结合

实践教学与理论知识相结合，通过真实项目让学生在实际环境中应用所学知识，提升其解决问题的能力。这一过程不仅有助于学生将课堂上学到的理论知识转化为实际操作技能，还能培养他们在复杂多变的商业环境中灵活应对挑战的能力。通过参与真实项目，学生能够更好地理解企业运行的机制，掌握项目管理的基本技能，并提高其在商业决策中的判断力和执行力。

2. 设置模拟创业环境

设置模拟创业环境是培养学生团队合作能力和沟通技巧的有效途径。在模拟创业环境中，学生可以扮演不同的角色，体验从产品开发到市场推广的全过程。这样的设置不仅能增强学生在团队中的角色意识，还能提高他们的沟通技巧和合作能力。通过在模拟环境中进行角色扮演，学生能够更好地理解团队协作的重要性，学会如何在团队中有效地沟通和协调，从而为未来的职业生涯打下坚实的基础。

3. 引入创业导师和行业专家

引入创业导师和行业专家为学生提供一对一的指导和反馈，是帮助学生识别和克服创业过程中各种困难的重要手段。创业导师和行业专家能够根据自身丰富的经验和专业知识，为学生提供切实可行的建议和指导。这种个性化的指导不仅能帮助学生在实践中发现问题，还能为他们提供解决问题的方法和策略，从而提高学生的实践能力和创业成功的可能性。

4. 开展创新创业竞赛和实践活动

开展创新创业竞赛和实践活动是激励学生积极参与创新创业教育的重要方式。通过参与竞赛和实践活动，能够锻炼学生的创新思维和应变能力，提升其实践动手能力。这些活动为学生提供了展示其创新能力和实践成果的平台，同

时也为他们提供了与其他学生交流和学习的机会。通过参与这些活动，学生不仅能够提高自身的实践能力，还能增强其对创新创业的兴趣和信心，为其未来的职业发展奠定坚实的基础。

### （二）课程内容应用性

课程内容的应用性在高职院校大学生创新创业教育中具有至关重要的作用。课程内容应当紧密结合实际应用，以确保学生在学习过程中能够将所学知识转化为实际操作能力。通过设计与实际问题相关的课程内容，学生不仅能够掌握理论知识，还能在实际情境中验证和应用这些知识。这种方式不仅提高了学生的学习兴趣，还增强了他们解决实际问题的能力。

1. 引入跨学科知识

通过鼓励学生将不同领域的知识结合应用，教师可以培养学生的综合思维能力和创新能力。跨学科的学习方式打破了传统的学科界限，促进了知识的整合与创新。例如，在一个涉及商业计划的课程中，学生可以将市场营销、财务管理和技术开发等不同领域的知识结合起来，形成一个完整的创新方案。这种跨学科的学习不仅丰富了学生的知识结构，也提高了他们在复杂情境中解决问题的能力。

2. 项目驱动的课程设计

在这种课程模式下，学生通过团队合作完成具体项目，能够在实践中学习和应用知识。项目驱动的学习不仅强调理论知识的应用，更注重培养学生的团队合作、沟通交流和项目管理能力。在完成项目的过程中，学生需要面对各种实际问题，锻炼他们的决策能力和创新思维。这种实践导向的课程设计能够有效地提高学生的综合素质，为他们未来的职业发展奠定坚实的基础。

3. 课程内容应定期更新，融入最新的行业动态和技术发展

随着科技的快速发展和市场需求的不断变化，课程内容的更新显得尤为重要。通过及时更新课程内容，教育机构可以确保学生所学知识始终与市场需求保持一致。这不仅有助于提高学生的就业竞争力，也使他们能够更好地适应职业发展的变化。此外，课程内容的更新还可以激发学生的学习兴趣，使他们始终保持对新知识的渴望和探索精神。

## 三、创新创业教育课程设置的系统性原则

### （一）课程结构完整性

一个完整的课程结构不是课程内容的简单堆砌，而是一个有机的整体，旨在确保学生在创新创业教育中得到全面、系统的学习和发展。课程设置应涵盖基础理论、实践技能和创新思维三个层面。基础理论为学生奠定了坚实的知识基础，实践技能是将理论应用于实际的关键，而创新思维则是培养学生创造力和解决问题能力的重要环节。通过这三个层面的系统学习，学生能够在创新创业的各个方面均有扎实的基础。

课程内容的设计应遵循从易到难的原则，这样的分层设计有助于学生在学习过程中逐步掌握复杂的创新创业知识和技能。初级课程可以侧重于基础概念和简单应用，中级课程引入更多的实践案例和分析方法，高级课程则可以挑战学生的创新能力和综合应用能力。这种分层设计不仅可以帮助学生循序渐进地提高自身能力，还能有效地避免因课程难度不当而导致的学习挫败感。

为了促进学生的综合素质提升，课程应建立多模块体系。这些模块应涵盖创新思维、商业模式、市场分析等不同领域。创新思维模块可以通过设计思维、创造性问题解决等课程进行培养；商业模式模块可以通过商业计划书撰写、风险投资分析等内容来实现；市场分析模块则可以通过市场调研、消费者行为分析等课程来教授。多模块体系的建立不仅丰富了课程内容，还增强了学生的跨学科能力。

课程之间应形成良好的衔接关系，以确保学生在不同课程中能够形成知识的连贯性和系统性。课程衔接不仅有助于学生在学习过程中形成完整的知识体系，还能增强整体学习效果。例如，创新思维课程可以为商业模式课程打下基础，而市场分析课程则可以为商业模式的实施提供数据支持。通过这样的课程衔接，学生能够在实际的创新创业过程中运用所学知识，形成系统的解决方案。

### （二）知识点逻辑关联

在创新创业教育课程的设计中，知识点的逻辑关联是一个核心原则。课程内容应围绕核心概念展开，确保学生能够理解创新创业的基本理论与实践之间的关系。在课程设置中，教师需要精心安排教学内容，使学生能够在学习过程

中逐步建立起对创新创业领域的全面认识。为了实现这一目标，课程应当从基础理论到实践应用层层递进，帮助学生将所学知识内化为自身的能力。通过这样的安排，学生不仅能够掌握创新创业的基本理论，还能在实践中灵活运用这些理论，解决实际问题。

课程设计应注重知识点之间的相互关联，以促进学生在不同模块中形成系统的思维方式。创新创业教育不仅仅是传授单一的知识点，而是要通过系统化的课程设计，使学生能够将不同的知识点串联起来，形成一个完整的知识网络。这种系统化的思维方式能够帮助学生在面对复杂的创新创业问题时，能够从多个角度进行分析和解决。通过这种方式，学生不仅能够提高创新能力，也能增强创业实践中的应对能力。

课程内容还应通过引导性问题和讨论，激发学生的批判性思维，增强对知识点的深度理解。在课程中，教师可以通过设置开放性的问题，引导学生进行思考和讨论，从而激发他们的批判性思维。通过这种方式，学生能够在思考和讨论中加深对知识点的理解，并能够在不同的情境中灵活运用这些知识。批判性思维的培养对于创新创业教育尤为重要，因为它能够帮助学生在面对不确定性和复杂性的问题时，进行理性分析和判断，从而作出更为有效的决策。

## 四、创新创业教育课程设置的开放性原则

### （一）课程资源共享

在高职院校大学生创新创业教育中，课程资源共享是实现教学资源最大化利用的重要原则。

#### 1. 建立开放的在线课程平台

建立一个开放的在线课程平台，不仅仅是技术上的实现，更是教育理念的革新。通过这种平台，学生和教师之间的互动更加频繁，知识的传播更加迅速。这种在线平台的建立需要学校在技术支持、内容开发和管理维护上投入大量资源。然而，这种投入是值得的，因为它极大地提高了教育的质量和效率。通过这种方式，学生可以接触到更广泛的知识领域，教师也可以获得更多的教学资源，整体上提高了教育的成效。

2．鼓励校际合作

鼓励校际合作是实现课程资源共享的重要途径。通过校际合作，可以形成一个资源共享网络，各个学校可以通过联合课程、专家讲座等形式，共享教育资源，提升课程的多样性和实用性。这种合作不仅能够丰富学生的学习内容，还能为教师提供更多的教学素材和方法，促进教学水平的提高。此外，校际合作还可以通过互派教师、学生交流等方式，促进不同学校之间的文化交流和融合，增强学生的综合素质和国际视野。

3．引入企业和行业资源

引入企业和行业资源是创新创业教育课程设置开放性原则的重要体现。通过与企业的合作，学校可以为学生提供实习机会和项目支持，使学生能够接触到真实的商业环境和实践经验。这种实践导向的学习方式，不仅能够增强学生的实际操作能力，还能帮助他们更好地理解理论知识的应用场景。企业资源的引入，不仅丰富了课程内容，还为学生提供了更多的就业机会和职业发展路径，增强了课程的吸引力和实用性。

### （二）学习方式多样化

在高职院校中，创新创业教育课程的开放性原则要求学习方式的多样化，以适应学生不同的学习需求和兴趣。这一原则不仅强调课堂内外的学习结合，还注重培养学生的自主学习能力。通过引入翻转课堂模式，学生可以在课前自主学习理论知识，课堂上则专注讨论和实践活动。这种模式不仅提高了学生的主动学习能力，还促进了知识的内化和应用。翻转课堂让学生在课前通过视频、在线资料等方式进行预习，课堂上则通过教师引导的讨论以及实际问题的解决来巩固所学知识，提高学生的创新思维和实践技能。

小组合作学习是一种重要的学习方式，通过团队项目，学生能够在互动中学习，培养协作能力和团队意识。合作学习强调学生之间的沟通和协作，通过分工合作完成项目，学生不仅能够加深对课程内容的理解，还能锻炼其组织能力和领导能力。团队项目要求学生共同制订计划、分配任务、解决问题，从而在实践中体验创新创业的全过程。这种学习方式不仅提高了学生的综合素质，还为其未来的职业发展打下了坚实的基础。

在线学习平台的利用为学生提供了丰富的学习资源，支持其根据个人兴趣和需求进行自主学习。这种灵活的学习方式打破了时间和空间的限制，学生可以根据自己的学习节奏选择合适的学习内容。在线平台通常提供多样化的学习材料，如视频讲座、电子书、在线测试等，帮助学生进行个性化学习。这种资源的多样性和可及性使学生能够在课余时间继续学习，进一步深化对创新创业知识的理解，并为实践应用提供理论支持。

实地考察和企业参观是创新创业教育中不可或缺的实践环节。通过直接接触行业实践，学生能够获得对创新创业的直观理解和应用能力。实地考察让学生有机会观察企业的运营模式、管理流程和创新实践，增强其对行业的感知和理解。企业参观则为学生提供了与行业专家交流的机会，学生可以通过观察和互动，了解企业在创新创业中的实际操作。这种实践体验不仅丰富了学生的学习经历，还激发了他们的创新思维和创业热情，为其未来的职业生涯提供了宝贵的实践经验。

## 五、创新创业教育课程设置的个性化原则

### （一）学生兴趣导向

高职院校在设计创新创业教育课程时，应充分考虑学生的兴趣导向。学生的兴趣不仅是学习的动力源泉，更是其未来职业发展的指引。在课程设计中，教师应根据学生的职业兴趣，精心挑选和设计课程内容，以确保课程与学生未来的职业发展密切相关。通过这种方式，学生能够在学习中找到自身兴趣与职业发展的契合点，从而提高学习的积极性和主动性。这种兴趣导向的课程设计，不仅有助于提升学生的学习体验，还能提高其在未来职场中的竞争力。

为了满足学生多样化的兴趣需求，高职院校应提供多样化的选修课程。这些课程应涵盖广泛的创新创业主题，允许学生根据个人兴趣爱好选择相关的主题进行深入学习。通过多样化的选修课程，学生可以在不同领域中探索和发现自己的兴趣点，进而培养出多元化的创新创业精神。这种灵活的课程设置，有助于学生在学习过程中形成个性化的知识结构，为其未来的职业发展奠定坚实的基础。

在高职院校中，定期举办兴趣导向的创新创业活动和工作坊是激发学生参与热情和实践能力的有效途径。这些活动不仅为学生提供了实践创新创业理论的机会，还能有效地激发他们的创造力和团队合作能力。通过参与这些活动，学生能够在真实的情境中体验创新创业的过程，培养解决实际问题的能力，并

在实践中不断完善和提升自身的创新创业技能。

建立个性化指导机制是实现学生兴趣导向课程设置的重要保障。高职院校应鼓励教师和导师根据学生的兴趣和特长，帮助学生制订个性化的学习计划和目标。这种个性化的指导机制，不仅能够帮助学生更好地规划自己的学习路径，还能在学习过程中提供针对性的支持和反馈。通过个性化的指导，学生能够更加清晰地认识到自身的优势和不足，从而在学习和实践中不断调整和优化自己的发展方向。

### （二）个性化学习路径

通过根据学生的职业目标和兴趣提供个性化的课程模块选择，教育机构能够满足不同学生的个性化发展需求。具体而言，高职院校应当允许学生根据自身的发展方向进行自主组合和学习。这种灵活的课程设置不仅可以激发学生的学习兴趣，还可以使他们在不断变化的职业环境中保持竞争力。此外，为了更好地支持学生的个性化学习，高职院校需要建立一套完善的个性化学习档案系统。该系统应定期评估学生的学习进展和兴趣变化，并及时调整学习计划以适应学生的成长需求。这种动态的学习档案不仅有助于学生自我反思和调整学习策略，也为教师提供了重要的教学反馈。

在个性化学习路径的实现过程中，引入个性化辅导机制是必不可少的。通过安排专门的导师与学生进行一对一交流，高职院校可以帮助学生制订切实可行的学习目标和创业计划。导师的角色不仅是知识的传授者，更是学生成长道路上的引导者和支持者。这种个性化的辅导机制能够帮助学生更好地了解自身的优势和不足，从而制订更加符合个人特点的发展计划。此外，鼓励学生参与自主设计的项目或活动也是个性化学习路径的重要组成部分。通过提供平台让学生展示个人创新成果，高职院校不仅能够增强他们的自信心和实践能力，还可以激励更多学生积极参与创新创业活动。这种实践导向的学习方式使学生能够在真实的情境中应用所学知识，提升其解决实际问题的能力。

个性化学习路径的实施需要教育机构在课程设置和教学管理上进行一系列的改革。

首先，高职院校需要提供多样化的课程模块和学习资源，以满足不同学生的学习需求。

其次，在教学过程中，教师应采用灵活的教学方法，鼓励学生进行自主探究和合作学习。

最后，高职院校还应建立有效的反馈机制，及时了解学生的学习体验和需求变化。

通过这些措施，个性化学习路径不仅能够提升学生的学习效果，还可以促进他们的全面发展和创新能力的提升。

总之，个性化学习路径在高职大学生创新创业教育中扮演着重要角色，它为学生提供了一个更加灵活和自主的学习环境，使其能够在个性化发展的道路上不断前行。

# 第二节　创新创业教育课程的内容选择

## 一、创新思维与创业意识培养的基础性内容

### （一）创新思维训练方法

创新思维训练方法在高职大学生创新创业教育中扮演着至关重要的角色。创新思维不仅是创业成功的基础，也是学生在快速变化的社会中保持竞争力的关键能力。通过系统的创新思维训练，学生能够更好地应对未来的挑战，并在创业实践中展现出更强的创造力和解决问题的能力。

1. 头脑风暴

头脑风暴是一种广泛应用的创新思维训练方法，通过集体讨论和自由联想的方式，激发学生的创造力。在头脑风暴过程中，鼓励学生提出各种可能的想法和解决方案，而不受传统思维的限制。这种方法不仅有助于打破思维定式，还能通过集体智慧的碰撞，产生意想不到的创新方案。头脑风暴的成功实施依赖开放的氛围和对多样化思维的包容，这也是高职院校培养创新思维的重要环节。

2. 逆向思维训练

通过引导学生从结果出发，反向推导问题解决的步骤，逆向思维训练帮助学生打破常规思维模式，形成创新的解决方案。这种方法要求学生在思考过程中不断质疑现有的假设和框架，挑战传统的思维路径，从而在思维的深度和广

度上实现突破。逆向思维训练不仅提高了学生的创新能力，还培养了他们在复杂问题中寻找新路径的能力。

3. 角色扮演

让学生在模拟的商业环境中扮演不同角色，通过实践体验不同的决策过程和创新思维，可以有效地增强他们的实际应用能力。在角色扮演中，学生需要面对真实的商业情境，作出决策并承担相应的后果，这不仅提高了他们的创新思维能力，也增强了他们在实际创业中的决策能力和应变能力。角色扮演还促进了团队合作和沟通能力的提升，是高职大学生创新创业教育中不可或缺的重要环节。

### （二）创业意识启蒙课程

创业意识启蒙课程是高职院校中创新创业教育的重要组成部分，旨在帮助学生初步了解创业的基本概念和流程。通过系统的课程设计，学生能够从理论和实践两个方面获得对创业的初步认识。这类课程通常包括对创业环境的基本了解、创业者的角色认知及创业活动的基本步骤。通过案例分析和模拟训练，学生可以更好地理解创业过程中的挑战和机遇。这一课程的设置不仅为学生提供了创业的基本知识，还激发了他们的创业兴趣，培养了他们的创新思维能力。

创业意识是指个体对创业活动的认知、态度和意愿，是创业活动的心理基础。创业意识的培养对于高职大学生来说尤为重要，因为它直接影响到他们的职业选择和未来的发展路径。在全球经济快速发展的背景下，培养学生的创业意识有助于提高他们的市场适应能力和创新能力。通过课程学习，学生可以了解创业意识的基本概念，包括创业精神、创业动机和创业能力等，进而认识创业意识在个人职业发展中的重要性。这种意识的培养不仅有助于学生个人的发展，也对社会经济的创新和发展起到积极的推动作用。

市场需求分析与创业机会识别是创业活动的核心内容。在创业意识启蒙课程中，学生需要掌握如何分析市场需求，以识别潜在的创业机会。课程通过理论讲解和实践案例，帮助学生理解市场需求的动态变化及其对创业活动的影响。学生将学习如何通过市场调研、竞争分析和消费者行为研究来识别市场中的空白和机会。这种能力的培养，不仅帮助学生在创业过程中作出明智的决策，还提高了他们在复杂市场环境中快速反应的能力。

商业计划书是创业活动中至关重要的工具，它不仅是创业者与投资者沟通的桥梁，也是创业项目规划和管理的基础。在创业意识启蒙课程中，学生将学习如何撰写和呈现一份有效的商业计划书。课程内容包括商业计划书的基本结构、关键内容和撰写技巧，以及如何通过图表和数据来增强商业计划书的说服力。此外，学生还将通过模拟演练，掌握在不同场合呈现商业计划书的技巧，从而提高他们的沟通能力和自信心。

创业道德与社会责任是现代创业活动中不可或缺的内容。在创业意识启蒙课程中，学生需要认识到创业活动不仅是追求经济利益的过程，还应承担相应的社会责任。课程通过案例分析和道德情景模拟，帮助学生理解创业道德的重要性，并引导他们在创业过程中遵循道德规范。通过对企业社会责任的学习，学生将认识到在创业活动中，如何平衡经济利益与社会责任之间的关系，从而培养他们成为具有社会责任感的创业者。

## 二、专业技能与创业知识结合的模块化分层设计

### （一）专业技能模块设计

专业技能模块设计需要紧密结合职业教育的特点，注重实践能力的培养。通过模块化的课程设计，学生能够在学习过程中逐步掌握不同层次的专业技能。模块化设计的优点在于灵活性和针对性，能够根据学生的学习进度和兴趣进行调整，使每位学生都能在适合自己的节奏中成长。此外，模块化的设计还可以促进跨学科知识的整合，帮助学生将所学的专业技能应用于实际创业项目中，提升其创新能力和实践水平。

市场营销基础知识与策略是高职大学生在创新创业教育中必须掌握的重要内容。通过学习市场营销知识，学生能够了解市场需求分析、消费者行为以及市场定位等基本概念。这些知识不仅帮助学生在创业过程中准确把握市场动态，还为其制定有效的营销策略提供理论支持。在课程中，通过案例分析，学生可以学习如何将市场营销理论应用于实际商业情境，提升其营销策划能力。同时，市场营销课程还强调数据分析能力的培养，使学生能够利用数据驱动决策，优化营销策略，提高创业项目的成功率。

财务管理与预算编制技能是高职大学生在创业过程中不可或缺的能力。在创新创业教育中，财务管理课程帮助学生理解企业财务运作的基本原理，包括资金流动、成本控制和利润分析等。预算编制则是财务管理的重要组成部分，

通过学习预算编制，学生能够合理规划企业的财务资源，确保创业项目的可持续发展。在课程设计中，强调实践操作，学生通过模拟企业财务管理，练习编制预算和分析财务报表，提升其财务决策能力和风险管理意识，为未来的创业实践打下坚实基础。

项目管理工具与方法的应用是高职大学生创新创业教育课程的重要组成部分。项目管理课程旨在培养学生的组织协调能力和项目执行能力。通过学习项目管理的基本理论和工具，学生能够掌握如甘特图、关键路径法等常用工具，提高项目规划和时间管理能力。在课程中，学生通过参与实际项目的模拟操作，学习如何制订项目计划、分配资源、监控项目进度以及评估项目成果。这样的实践教学模式，不仅提高了学生的项目管理技能，还增强了其团队合作意识和解决问题的能力。

商业模式设计与评估技巧是创新创业教育中不可或缺的重要内容。学生通过学习商业模式的构建，理解企业如何创造、传递和获取价值。在课程中，学生将接触到商业模式画布等工具，通过案例分析，学习如何设计创新的商业模式。评估技巧则帮助学生判断商业模式的可行性和市场潜力，确保创业项目的成功实施。课程强调实践操作，学生在设计和评估商业模式的过程中，培养其创新思维和战略规划能力，为未来的创业实践提供有力支持。

### （二）创业知识模块设计

创业知识模块设计的目的是通过系统化的课程内容，使学生在理论与实践中获得全面的创业知识。模块设计需要考虑学生的专业背景和未来的创业需求，通过分层教学方法，确保学生能够在不同阶段获得适合其发展的创业技能。课程内容应涵盖创业的基本原理、创新思维的培养以及创业环境的分析等，帮助学生建立对创业的全面理解。

识别和评估创业机会是创业过程中的关键环节。高职教育应注重培养学生在这一领域的能力，帮助他们掌握识别市场需求、评估市场潜力的方法与技巧。通过案例分析和实战模拟，学生可以学习如何通过市场调研、行业分析和竞争对手研究来识别潜在的创业机会。此外，评估创业机会的可行性也是重要的教学内容，包括对技术可行性、市场可行性和财务可行性的分析。

商业计划书是创业者向投资者展示创业构想的重要工具。在课程中，应详细讲解商业计划书的结构与撰写要点，帮助学生掌握如何清晰地表达创业项目的价值和可行性。教学内容应包括如何描述产品或服务、市场分析、营销策略、运营计划和财务预测等关键部分。通过撰写练习和反馈，学生可以提高其撰写能力，为未来的创业活动做好准备。

资金筹集是创业过程中面临的主要挑战。高职教育需要引导学生了解多样化的融资渠道，包括天使投资、风险投资、银行贷款和众筹等。课程应帮助学生掌握如何制定有效的资金筹集策略，评估不同融资渠道的利弊，并学习如何与潜在投资者沟通。通过模拟谈判和案例分析，学生可以提高其在真实创业环境中的资金筹集能力。

市场调研与竞争分析是创业成功的基础。课程内容应涵盖市场调研的基本方法，如问卷调查、访谈、数据分析等，帮助学生获取市场信息。竞争分析则要求学生了解竞争对手的优势与劣势、市场定位以及战略动向。通过实地调研和案例分析，学生可以提高其市场洞察力，为创业项目的定位和策略制定提供有力支持。

## 三、行业前沿技术与市场趋势分析的实践性内容

### （一）行业技术动态分析

在高职教育中，行业技术动态分析是培养学生创新思维和创业能力的重要组成部分。通过了解行业技术的最新动态，学生能够更好地把握技术变革带来的机遇和挑战。行业技术动态分析不仅涉及对新技术的识别，还包括对其潜在应用领域的探索。这种分析要求学生具备批判性思维和系统性分析能力，从而能够在复杂多变的技术环境中作出明智的决策。

当前行业技术动态的实时监测与分析方法是高职学生必须掌握的技能。这些方法包括使用数据采集工具和分析软件，帮助学生从海量信息中提取有价值的洞见。通过实践，学生可以学习如何使用大数据分析工具，如 Python 和 R 语言，以及数据可视化软件，如 Tableau 和 Power BI。这些工具的熟练使用能够提高学生的分析效率，使他们能够迅速地适应技术变化，并在创业过程中作出数据驱动的决策。

行业技术的发展对市场需求变化有着深远的影响。这种变化不仅创造了新的市场机会，也对创业者识别机会提出了更高的要求。高职教育课程应引导学生分析技术发展对市场的具体影响，帮助他们识别市场空白和潜在的创业机会。通过案例分析，学生可以学习如何将技术创新转化为商业价值，从而提高创业成功的概率。

技术创新对传统商业模式的颠覆与重塑是当前市场环境中的重要趋势。高职大学生需要学习如何在技术驱动的市场中识别和创造新的商业模式。课程应强调培养学生的适应能力和创新思维，使他们能够在瞬息万变的市场环境中灵活应对。通过对成功企业的案例分析，学生可以学习如何利用技术创新颠覆传统的商业模式，从而在创业过程中占据竞争优势。

### （二）市场趋势研讨课程

市场趋势研讨课程是高职大学生创新创业教育中的重要组成部分，旨在帮助学生深入理解市场动态并有效应用于创业实践。在该课程中，学生将学习市场趋势分析的基本方法与工具，这些工具包括 PEST 分析、SWOT 分析以及波特五力分析等。通过掌握这些分析工具，学生能够识别和评估市场变化的关键因素，从而为创业决策提供科学依据。这一过程不仅提升了学生的市场敏感度，还培养了他们的战略思维能力，使其在面对复杂多变的市场环境时，能够作出更为明智的判断和选择。

市场趋势研讨课程还注重对当前市场需求变化的深入探讨，分析其对创业机会和商业模式创新的影响。在课程中学生将研究不同市场领域的需求变化，如消费品市场的个性化趋势、科技市场的创新驱动等。这些研究有助于学生理解市场需求如何影响创业机会的识别和商业模式的设计。同时，课程通过案例分析，帮助学生将理论知识应用于实际情境，激发他们的创新思维，促使其在创业过程中能够灵活应对市场变化，从而提高创业成功的可能性。

行业竞争格局的动态变化是市场趋势研讨课程的另一重要内容。学生需要探讨如何根据市场趋势调整创业策略和定位，以在竞争激烈的市场中获得优势。在课程中将引入真实的市场案例，分析成功企业如何通过市场调研和趋势分析调整其战略。通过这样的学习，学生将理解市场定位的重要性，以及如何通过差异化战略在竞争中脱颖而出。这一学习过程不仅提高了学生的市场竞争意识，还增强了他们的战略规划能力，为其未来的创业实践奠定了坚实的基础。

在市场趋势研讨课程中，团队合作与讨论技巧的培养同样不可或缺。学生将在小组讨论中学习如何在实际环境中进行有效的沟通与协作。课程设计鼓励学生在讨论中分享个人见解，倾听他人意见，并在团队中达成共识。这种教学方式培养了学生的合作精神和沟通能力，使其能够在未来的创业团队中有效地发挥作用。此外，通过团队合作，学生还能够体验到多元化视角对市场分析的重要性，从而在创业过程中更好地把握市场机会。

## 四、创业管理与运营的应用型知识模块

### （一）创业管理基础课程

创业管理基础课程在高职大学生创新创业教育中占据核心地位，其主要目的是为学生提供系统的创业管理知识与技能。创业管理的基本概念与重要性是课程的起点，帮助学生理解创业管理在创业过程中的核心作用。创业管理不仅是对资源的有效配置，更是对不确定性环境的适应与应对。通过对创业管理基本概念的学习，学生能够认识到创业管理在推动企业创新、提高竞争力以及实现可持续发展方面的关键作用。这一模块通过理论与实际案例相结合，增强学生对创业管理的感性认识与理性分析能力。

创业团队组建与管理的基本原则是创业管理基础课程的一个重要组成部分。团队协作在创业成功中具有不可替代的重要性。课程通过分析成功创业团队的案例，强调团队成员的多样性、互补性以及共同目标的重要性。学生将学习如何合理配置团队角色，如何通过有效沟通与合作实现团队的高效运作。课程还探讨了团队冲突管理与激励机制的设计，帮助学生掌握团队管理的基本技能，以应对在创业过程中可能出现的各种挑战。

创业项目的生命周期管理涵盖了从项目启动、发展、成熟到退出的全过程。课程通过对各阶段管理策略的详细讲解，帮助学生理解不同阶段的管理重点与策略调整。项目启动阶段的资源配置与风险评估、发展阶段的市场拓展与产品优化、成熟阶段的规模化运营与品牌建设，以及退出阶段的战略选择与风险控制，都是课程关注的重点。通过案例分析与模拟演练，学生能够掌握创业项目生命周期管理的系统方法，提高项目管理的实际操作能力。

创业财务管理的基本知识是创业管理基础课程的重要内容。课程涵盖预算编制、资金管理和财务报表分析的技巧，帮助学生掌握创业财务管理的核心技能。预算编制部分强调财务规划的重要性，资金管理部分关注现金流的有效控制，财务报表分析部分则通过实际案例帮助学生理解财务数据对企业决策的重要影响。通过课程学习，学生不仅能够掌握财务管理的基本工具，还能提高财务分析与决策能力，为创业项目的成功提供财务保障。

### （二）运营策略实务课程

运营策略实务课程在高职大学生创新创业教育中起着至关重要的作用。通

过该课程，学生能够深入了解如何在创业过程中有效制定和实施运营策略，以应对不断变化的市场环境和企业目标。课程设计注重理论与实践相结合，帮助学生掌握运营策略的基本原理和实际应用技能。通过案例分析，学生可以学习成功企业在运营策略方面的经验，从而提高自身的实战能力。这一课程不仅提升了学生的创业意识，还为他们未来的职业生涯奠定了坚实的基础。

在运营策略实务课程中，学生将学习如何根据市场环境和企业目标制定有效的运营策略。课程首先介绍了运营策略的基本概念和重要性，随后详细讲解了策略制定的步骤和实施流程。学生通过参与模拟企业运营的实践活动，能够切身体验从市场调研、目标设定到策略实施的完整过程。课程强调数据分析在策略制定中的关键作用，指导学生如何利用市场数据进行合理的决策。这种实践导向的教学方式，不仅提升了学生的战略思维能力，还增强了他们在复杂市场环境中应对各种挑战的信心。

关键绩效指标（KPI）的设定与监控是运营策略实务课程中的重要内容。课程旨在培养学生通过数据分析评估运营效果并进行调整的能力。学生将学习如何设定合理的 KPI，以确保企业运营的各个方面都能得到有效监控。通过对实际案例的分析，学生可以了解不同企业在 KPI 设定和监控中的成功经验和常见问题。课程还指导学生如何利用数据分析工具，对运营过程中的数据进行深入挖掘和分析，以便及时调整策略，提高企业的整体运营效率。

供应链管理的基本原则是运营策略实务课程的核心内容。课程强调在创业过程中如何优化资源配置与物流管理，以提高运营效率。学生将学习供应链管理的基本概念、流程和关键要素，并通过案例分析了解成功企业在供应链管理中的实践经验。课程还涵盖了现代供应链管理中常用的技术和工具，帮助学生掌握如何通过信息技术优化供应链流程。通过模拟供应链管理的实践活动，在实际创业过程中，学生能够提高进行有效资源配置和物流管理的能力。

客户关系管理（CRM）策略的应用是运营策略实务课程的重要组成部分。课程指导学生如何通过有效的客户管理提升客户满意度和忠诚度。学生将学习 CRM 的基本概念和策略，并通过案例分析了解不同企业在客户管理中的成功经验。课程还介绍了现代 CRM 系统的功能和应用，帮助学生掌握如何利用技术手段进行客户数据的分析和管理。通过模拟客户关系管理的实践活动，学生能够提高在实际创业过程中进行有效客户沟通和关系维护的能力，从而增强企业的市场竞争力。

## 五、区域经济特色与产业需求的针对性融入

### （一）区域经济分析课程

区域经济分析课程是高职院校创新创业教育中的一个重要组成部分，其核心在于帮助学生理解区域经济的基本概念与构成要素。通过深入学习区域经济的特征，学生能够更好地认识这些特征对创新创业活动的影响。区域经济通常由多个要素构成，包括自然资源、人口结构、基础设施及经济政策等。这些要素相互作用，共同决定了一个区域的经济特征。通过对这些要素的分析，学生可以识别区域内潜在的创业机会，并理解如何在这些机会中找到创新的切入点。

区域经济发展与产业结构的关系是区域经济分析课程的另一重要内容。不同区域的经济发展水平和产业结构各不相同，这种差异直接影响到区域内创业机会的多样性。在课程中，通过对不同区域产业发展的特点进行分析，学生能够认识某些产业在特定区域中的发展潜力。例如，某些区域可能以制造业为主，而另一些区域则可能以服务业为主。通过这种分析，学生可以更好地判断在不同区域进行创业的可行性，并制定相应的创业策略。

此外，区域市场需求的特点与变化是区域经济分析课程中不可或缺的一部分。市场需求的变化往往是区域经济特征的重要表现之一，了解市场需求的变化趋势是创业成功的关键。课程指导学生如何根据区域经济特点调整创业策略，以满足市场需求。通过案例分析，学生可以学习如何识别市场需求的变化，并据此调整产品和服务，以便在竞争中占据有利位置。这样的课程设计不仅提升了学生的市场敏感度，还增强了他们在实际创业中的应变能力。

### （二）产业需求导向课程

产业需求导向课程旨在通过识别和分析区域产业需求，帮助学生掌握市场调研和数据分析的技能。通过这些技能，学生能够精准地识别本地区的产业需求，进而制订出符合市场趋势的创业计划。课程内容不仅强调理论知识的传授，更注重实践能力的培养，使学生能够在真实的商业环境中灵活运用所学知识。通过这种方式，学生在毕业后能够迅速地适应市场变化，为区域经济的发展贡献力量。

结合地方经济特点设计针对性的创业项目，是产业需求导向课程的核心任

务。学生在课程中学习如何将地方经济的独特优势与个人创业目标相结合，设计出具有竞争力的创业项目。这不仅要求学生具备扎实的理论基础，还需要他们对区域经济有深入的了解。通过项目设计，学生能够将课堂所学知识与实际操作相结合，提升自身的创新能力和实践水平。同时，这种方式也确保了学生的创业计划能够与区域产业发展相匹配，从而提高创业成功的可能性。

区域产业链的构建与优化是产业需求导向课程的另一个重要组成部分。学生通过课程学习，理解产业链各环节的相互关系，并设计合理的创业方案以填补市场空白。课程强调对产业链的整体把握和细节分析，培养学生的战略思维和统筹能力。通过模拟真实的产业链构建与优化过程，学生能够在实践中提升对产业链复杂性的理解，进而设计出更具竞争力的创业方案。这种训练不仅有助于学生在创业初期快速定位市场，还能在后续发展中不断优化自身的商业模式。

区域特色资源的利用与开发是推动创新创业活动的重要环节。课程指导学生如何挖掘和利用本地区独特的资源优势，从而在创新创业过程中形成差异化的竞争力。学生通过课程学习，能够识别区域内的潜在资源，并探索其在创业活动中的应用价值。这一过程不仅提升了学生的创新思维，还增强了他们对资源整合的能力。在课程的指导下，学生能够将区域特色资源转化为实际的商业价值，推动区域经济的可持续发展。通过这种方式，学生不仅实现了个人价值，也为区域经济的繁荣贡献了力量。

## 第三节 创新创业教育课程的教学方法

### 一、项目导向教学法

#### （一）项目选择与设计

项目选择应与学生的专业背景和兴趣相结合，这不仅能提高学生的参与度，还能增强他们的学习效果。学生在参与和自身专业相关的项目时，能够更好地理解理论知识在实际中的应用，从而提升其专业素养和实践能力。在项目设计的过程中，教师应充分考虑学生的兴趣点，通过调研和讨论，选择适合的项目主题，以激发学生的学习热情和创新思维。

在项目设计时，实际市场需求是一个重要的考量因素。只有当项目符合市场需求，具备可行性和商业价值时，才能为学生提供真实的创业体验。教师在设计项目时，应引导学生进行市场调研，分析当前市场趋势和用户需求，确保项目的设计能够解决实际问题，具备一定的创新性和市场潜力。这样的项目不仅能锻炼学生的创新能力，还能提高他们的商业敏感度，为未来的创业实践打下坚实的基础。

为了促进学生的跨领域合作与综合能力提升，项目应涵盖多学科知识。现代社会的问题往往具有复杂性和多样性，单一学科的知识难以应对。通过多学科的项目设计，学生能够在团队合作中学习不同领域的知识，培养解决复杂问题的能力。这种跨学科的合作模式，不仅锻炼了学生的沟通协调能力，还提高了他们的创新思维和综合素质，为其职业生涯发展提供了更多可能性。

项目的成功实施离不开明确的评估标准。设置清晰的评估标准可以帮助学生在实践中进行自我反思和改进。评估标准应涵盖项目的创新性、可行性、市场价值、团队合作等多个维度，帮助学生全面了解自己的优势与不足。通过阶段性评估和反馈，学生能够及时调整项目策略，改进不足之处，提高项目质量。这种动态的评估机制，不仅能提高学生的学习效果，还能增强他们的自我管理能力和持续改进意识。

### （二）项目实施与管理

#### 1. 时间管理

项目实施阶段的时间管理是确保项目成功的关键因素之一。通过合理的时间规划，各个环节能够按时完成，避免延误对整体进度的影响。时间管理不仅提高了项目的执行效率，还能培养学生的时间意识和计划能力，为他们日后的创业实践打下坚实基础。此外，在项目实施过程中，时间管理的有效性直接关系到项目目标的达成，因此，教师需指导学生制定详细的时间表，并定期检查进度，以确保项目的顺利推进。

#### 2. 团队角色分配与职责明确

团队角色分配与职责明确是项目实施与管理的一个重要方面。在项目导向教学法中，每个团队成员都应在项目中发挥其特长，这不仅提高了团队协作的效率，也增强了学生的责任感和团队意识。明确的角色分配使每个成员在项目中都有具体的任务和目标，这样可以有效避免职责不清导致的沟通障碍和效率低下。同时，职责明确也有助于学生在项目过程中相互学习，取长补短，提升自身的综合能力，为未来的职场合作奠定良好的基础。

3. 定期评估与反馈机制

项目进展的定期评估与反馈机制是确保项目目标实现的重要手段。通过定期的评估，项目团队可以及时识别出潜在的问题，并进行必要的调整。这种机制不仅帮助学生在项目实施过程中保持正确的方向，还提高了他们解决问题的能力和应变能力。反馈机制的建立也为学生提供了一个反思和改进的机会，使他们在实践中不断成长。此外，定期的评估和反馈能够激发学生的创新思维，鼓励他们在项目中提出新的想法和解决方案。

4. 风险管理策略的制定与实施

风险管理策略的制定与实施是项目成功的重要保障。在项目实施过程中，识别潜在风险并制订应对方案是降低不确定性的重要手段。通过风险管理，学生能够提前预测项目中可能出现的问题，并采取预防措施，减少风险对项目的影响。这一过程不仅锻炼了学生的风险意识和决策能力，还提高了他们在复杂环境中处理问题的能力。教师应指导学生建立完善的风险管理体系，确保项目在风险可控的范围内顺利推进。

### （三）项目成果展示

通过展示，学生可以将其在项目中所学的知识和技能进行实际应用，验证其创新思维和解决问题的能力。项目成果展示不仅是对学生学习成果的检验，更是提升学生自信心和表达能力的机会。展示过程中的互动和交流，有助于学生在真实情境下锻炼沟通技巧，培养团队合作精神，同时也为教师提供了观察和指导学生的契机。

项目成果的评估标准与指标体系是确保展示效果的重要保障。制定科学合理的评估标准，能够有效衡量学生在项目中的综合表现，包括创新性、实用性和可行性等方面。评估标准应涵盖项目的整体设计、实施过程及最终成果，指标体系则需细化到具体的评估维度，如技术实现、市场潜力、用户体验等。通过多维度的评估，教师可以全面了解学生的学习进展，并有针对性地给予指导和反馈，以促进学生的持续改进和能力提升。

项目成果的展示形式与渠道选择直接影响着展示的效果和受众的接受度。高职院校可以采用多样化的展示形式，如现场演示、视频展示、线上平台发布等，以适应不同项目的特点和需求。选择合适的展示渠道，可以扩大项目的影响力，吸引更多的关注和参与。同时，展示形式的创新也能激发学生的创意和热情，使他们在项目中投入更多的精力和智慧，从而提升项目的整体质量。

项目成果的市场反馈与用户评价收集是项目导向教学法的重要组成部分。通过收集市场反馈，学生可以了解项目在实际应用中的表现和用户的真实需求，进而识别项目的优势与不足。用户评价的收集有助于学生深入了解目标市场，调整项目策略，提升产品或服务的市场竞争力。及时有效的反馈机制，不仅能够帮助学生优化项目，还能促进他们对市场动态的敏锐洞察力和应变能力的培养。

项目成果的后续跟进与改进建议是确保项目持续发展的关键环节。在项目展示后，学生应根据收集到的反馈和评价，制订详细的改进计划和实施方案。教师可以引导学生进行深度分析，找出项目中的不足和改进空间，提出切实可行的优化建议。通过不断的迭代和完善，学生可以在实践中不断提高自己的创新能力和项目管理能力，为未来的职业发展奠定坚实的基础。

## 二、体验式学习法

### （一）实践活动设计

实践活动设计是体验式学习的核心，它不仅是理论知识的应用，更是对学生综合能力的全面提升。通过精心设计的实践活动，学生能够在真实的情境中将所学的理论知识转化为实际的操作技能。这种学习方法强调学生的主动参与和亲身体验，从而加深对创新创业知识的理解和掌握。

#### 1. 组织创业竞赛

通过竞赛，鼓励学生组成团队，共同制订商业计划，并在现场展示中锻炼其沟通与表达能力。这不仅能提升学生的团队合作精神，还能增强他们在实际商业环境中的竞争力。竞赛提供了一个模拟的商业环境，学生需要面对真实的挑战，解决实际问题，从而在实践中成长。通过这样的活动，学生不仅能提高自身的创新能力，还能积累宝贵的经验，为未来的创业之路奠定基础。

2. 安排企业实习机会

实习为学生提供了在真实工作环境中学习和实践的机会，极大地增强了其职业素养和实际操作能力。通过在企业中的实践，学生能够更直观地了解行业的运作流程，掌握实际工作所需的技能。这种直接的体验有助于学生将课堂上学到的理论知识与实际操作相结合，提高其解决问题的能力和职业适应性。同时，实习经历也为学生提供了与行业专业人士交流的机会，拓宽了他们的职业视野。

3. 组织创新思维工作坊

创新思维工作坊是激发学生创造力的重要平台。在创新思维工作坊中，学生通过头脑风暴、角色扮演等活动，锻炼其创新思维与团队协作能力。创新思维工作坊提供了一个开放的环境，学生可以自由地表达自己的想法，并在团队讨论中不断完善自己的创意。这种互动式的学习方式能够有效地激发学生的创造潜力，培养其批判性思维和解决问题的能力，为其未来的创新创业实践打下坚实的基础。

4. 组织行业专家讲座和交流会

组织行业专家讲座和交流会为学生提供了与成功创业者直接对话的机会。通过这些活动，学生能够了解行业动态和市场需求，获取宝贵的经验与指导。成功创业者的分享不仅能激励学生，还能为他们提供现实的创业案例分析。通过与专家的交流，学生能够更好地理解创业过程中的挑战和机遇，从而在未来的创业实践中少走弯路，提高成功的概率。这样的活动也有助于学生建立广泛的人脉网络，为其未来的职业发展提供支持。

### （二）学习反思与总结

通过反思实践活动的有效性，教师能够评估不同类型活动对学生创新思维和实践能力的提升效果。这种反思不仅有助于识别成功的教学策略，也能发现不足之处，从而为后续课程设计提供依据。通过对学生参与活动的观察和反馈，教师可以调整教学方法，使其更贴合学生的实际需求和能力水平。此外，反思有助于学生自身的发展，他们能够通过自我评估了解自己的长处与短板，为未来的学习和职业发展奠定基础。

在项目实施过程中，学生的团队合作与沟通能力发生了显著变化，这不仅影响了他们的学术表现，也对他们的未来职业发展产生了深远影响。通过总结这些变化，教师可以分析不同教学方法对提升学生软技能的贡献。团队合作和有效沟通是现代职场中不可或缺的能力，通过创新创业教育，学生能够在实践中锻炼这些技能，提高其职场竞争力。总结经验的过程也为学生提供了反思自我表现的机会，使他们能够更好地适应多变的职场环境。

评估课程内容与行业需求的匹配度是创新创业教育中不可忽视的一环。随着市场环境的不断变化，课程内容也需要及时调整以保持其现实性和实用性。通过反思现有课程与行业需求之间的差距，教师可以制订更具针对性的课程改革方案。这样不仅能够提高学生的就业率，也能增强他们在职场中的适应能力。课程的调整应该以市场需求为导向，结合学生的反馈和建议，为他们提供更为实用和前沿的知识和技能。

收集学生对教学方法的反馈是提升教学质量的重要手段。通过分析这些反馈，教师可以了解教学方法对学生学习兴趣和主动性的影响，从而提出改进建议。学生的反馈不仅反映了他们对课程的满意度，也揭示了教学中的潜在问题。通过对这些信息的深入分析，教师可以更好地调整教学策略，激发学生的学习热情，提高他们的自主学习能力。这种反馈机制的建立，有助于形成良性的教学循环，不断提升教学质量。

### （三）真实情景模拟

真实情景模拟作为一种创新的教学方法，能够极大地提高高职大学生在创新创业教育中的实践能力。

#### 1. 创建模拟创业环境

通过创建模拟创业环境，学生可以在仿真的商业场景中进行决策和操作。这种方法不仅提高了学生的实际操作能力和应变能力，还为他们提供了一个安全的试错空间。学生在模拟环境中可以尝试不同的策略和方法，观察其结果，从而更深入地理解商业运作的复杂性。

#### 2. 设计角色扮演活动

学生被分配到不同的职能角色中，如营销、财务、人力资源等，体验团队协作与沟通的重要性。这种角色扮演不仅增强了学生对创业过程的理解，还培养了他们的组织协调能力和跨部门沟通能力。在这些活动中，学生能够感受到团队合作的力量，并认识到在创业过程中，团队成员之间的有效沟通与合作是成功的关键因素。

3. 模拟投资路演

模拟投资路演是一个能显著提高学生表达能力和应对压力能力的活动。通过组织这样的路演，邀请行业专家担任评委，学生需要展示他们的商业计划并接受反馈。这种直接的互动让学生在真实的评估环境中锻炼自己的表达技巧和抗压能力。行业专家的反馈不仅提供了宝贵的行业见解，还帮助学生识别其计划中的不足之处，从而进一步改进和完善他们的创业方案。

4. 虚拟市场环境

虚拟市场环境的实施是为了让学生在一个动态的市场模拟中进行市场调研和竞争分析。通过这样的模拟，学生可以提高市场敏感度和分析能力。他们需要根据虚拟市场的变化，调整自己的策略，进行有效的资源配置和市场定位。这种模拟环境不仅让学生体验到了市场竞争的激烈，还培养了他们在不确定环境中快速决策和反应的能力。

## 三、团队合作学习法

### （一）团队组建与角色分配

团队合作学习法在高职大学生创新创业教育中扮演着重要角色，尤其在团队组建与角色分配方面。团队组建是一个系统性的过程，涉及成员的选择、角色的分配以及团队目标的设定。首先，明确团队目标与任务分配至关重要，确保每个成员清楚自己的职责与工作内容。这样的清晰度不仅提高了团队的工作效率，也增强了每个成员的责任感。其次，合理分组是团队成功的关键。根据成员的专业背景与个人特长进行分组，可以形成一个多样化的团队结构，这种多样性有助于在项目中产生更多的创新想法和解决方案。

在团队合作中，建立有效的沟通机制同样不可或缺。这种机制不仅促进了团队成员之间的信息共享与协作，也为团队提供了一个解决冲突的平台。通过定期组织团队会议，团队可以评估项目进展，及时调整角色分配与任务执行策略。这种动态调整使团队能够灵活应对项目中出现的各种挑战，确保项目的顺利推进。同时，团队会议也是一个反馈和建议的重要渠道，鼓励团队成员在项目中发挥创造性，提供反馈与建议，进一步增强团队的创新能力。

团队合作学习法的实施需要一个良好的团队文化作支撑。团队文化是团队合作成功的隐形力量，它影响着团队成员的行为和决策。通过鼓励开放的沟通和积极的反馈，团队文化能够促进团队成员之间的信任和理解。此外，团队文化还强调成员之间的互助与支持，这种文化氛围能够激发团队成员的潜力，推动团队向共同的目标努力。最终，通过团队合作学习法，高职大学生不仅能够提高创新创业能力，还能培养团队合作精神，为未来的职业发展奠定坚实基础。

### （二）团队协作与沟通

有效的团队协作不仅能提升学习效果，还能为学生在未来职场中的合作打下坚实基础。在团队合作中，成员之间的沟通技巧尤为重要。其包括倾听、反馈和表达三个方面。倾听不仅是接收信息，更是理解和分析同伴的观点；反馈需要在尊重的基础上给予建设性的意见，促进彼此的成长；表达则要求清晰、简洁，确保信息的传递准确无误。这些技巧的掌握与应用，能够有效避免信息误解，提高团队的整体效率。

建立团队协作的文化是团队成功的关键因素。一个良好的团队文化应当鼓励成员积极分享各自的观点和建议，激发创新思维，增强团队的凝聚力。通过营造开放、包容的氛围，团队成员能更加自由地表达自己的想法，进而推动团队的创新能力。团队文化的建立需要长期的努力和维护，管理者应当通过定期的沟通和反馈机制，确保团队文化的健康发展。

制定团队协作的规范和流程是团队高效运作的基础。明确的会议安排、合理的任务分配和有效的进度跟踪，能够大幅提高团队的工作效率。首先，会议安排应当合理，确保每次会议都有明确的议题和目标；其次，任务分配需要考虑成员的能力和兴趣，以激发他们的积极性；最后，进度跟踪帮助团队及时了解项目进展，调整策略，确保按时完成任务。这些规范和流程的制定与执行，是团队协作成功的保障。

在现代教育环境中，数字工具和平台的运用为团队内部交流与协作提供了极大的便利。这些工具不仅能够促进信息的高效共享，还能优化资源的利用。例如，在线协作平台可以让团队成员随时随地访问项目资料，进行实时的沟通与协作，极大地提高了团队的响应速度和协同效率。通过合理运用这些数字工具，团队可以更好地适应快速变化的环境，保持竞争力。

### （三）团队成果评估

有效的评估不仅能够帮助团队了解自身的优势和不足，还能为未来的项目提供宝贵的经验和指导。团队成果的定量评估是评估过程中的一个重要环节。通过设定具体的指标，如项目完成度、时间管理和成本控制等，可以对团队的工作进行量化分析。这些指标不仅能够客观反映团队的工作效率和项目管理能力，还能为团队成员提供明确的改进方向。通过量化评估，团队可以更清晰地看到自己的进步和需要改进的地方，从而在未来的项目中作出更为合理的规划和决策。

在定量评估的基础上，定性评估为团队成果提供了更为全面的视角。通过参与者的反馈和观察记录，能够深入分析团队协作的质量和创新性。定性评估关注的是团队成员之间的互动、沟通和协作能力，以及他们在面对挑战时的创造性解决方案。通过这种评估方式，团队可以更好地理解成员之间的动态关系，识别影响团队效率的潜在因素，并在未来的项目中加以改进。定性评估还可以帮助团队识别创新的火花，鼓励成员在项目中大胆的尝试和创新。

个别评估是团队成果评估的重要组成部分，它通过对团队成员在项目中的贡献进行深入分析，明确每位成员的角色和任务完成情况。个别评估不仅能够促进个人的发展，还能提高团队的整体效能。通过这种评估方式，团队可以帮助成员识别自身的优势和不足，制订个性化的学习和发展计划。个别评估还能够激励成员在团队中承担更多的责任并迎接更多的挑战，增强他们的自信心和成就感。

在团队成果评估中，评估团队在解决问题和应对挑战时的表现也是至关重要的。通过分析团队决策过程的有效性和创新性，可以帮助团队更好地理解自身的决策机制和创新能力。在面对复杂问题时，团队需要具备良好的决策能力和创造性思维，以便迅速应对各种挑战。评估团队的决策过程不仅能够提高团队的应变能力，还能为未来的项目提供有益的借鉴。

## 四、线上线下混合教学法

### （一）线上资源整合

线上资源整合在高职大学生创新创业教育中扮演着至关重要的角色。建立多元化的在线学习平台是实现这一目标的第一步，该平台应提供丰富的教学资源，包括视频课程、电子书和在线讨论论坛等。这些资源的多样性不仅方便学生随时随地进行学习，还能够满足不同学习风格和需求的学生。通过这些资源，学生能够在课余时间自主学习，进一步加深对课堂知识的理解。此外，在线讨论论坛为学生提供了一个交流思想和分享知识的平台，促进了学生之间的互动和知识共享。

整合行业专家的在线讲座和研讨会是线上资源整合的重要方面。通过利用网络技术，教育机构可以邀请成功的创业者和行业领袖在线分享他们的经验和见解。这种直接的交流机会能够帮助学生更好地理解实际创业环境中的挑战和机遇。通过与行业专家的互动，学生能够获得关于创业的第一手资料，并从中汲取灵感，为自己的创业之路做好准备。将实践和理论相结合，有助于学生在学习过程中形成更为全面的认知。

开发在线模拟创业工具也是线上资源整合中的关键。通过这些工具，学生可以在虚拟环境中进行商业决策和市场分析，不仅提升了他们的实践能力，还增强了他们的应变能力。在模拟环境中，学生可以尝试不同的商业策略，观察其结果并进行调整。这些实践活动使学生能够在真实创业之前积累宝贵的经验，减少在未来创业过程中可能遇到的风险。同时，这些工具还可以帮助学生培养批判性思维和问题解决能力。

引入在线评估和反馈机制是确保教学效果的重要手段。通过数字化工具，教师可以实时监测学生的学习进展，并根据评估结果及时调整教学策略。这种灵活性使教学过程能够更好地满足学生的个性化需求。及时的反馈不仅能够帮助学生识别自身的不足，还能激励他们进行自我反思和改进。通过这种持续的评估和反馈机制，学生能够在学习过程中保持积极性和动力，最终实现学习目标。

利用社交媒体和在线社区可以进一步增强学生的学习参与感。通过这些平台，学生可以分享自己的学习经验和项目进展，促进互动交流和合作学习。这种开放的交流环境能够激发学生的创造力和创新思维。同时，在线社区也为学生提供了一个互相支持和鼓励的空间，使他们在学习过程中感受到集体的力量和归属感。这种积极的学习氛围有助于学生更好地面对学习中的各种挑战，并在合作中实现共同成长。

### （二）线下活动安排

通过精心设计的线下活动，学生能够在真实环境中获得实践经验，提升自身的创新创业能力。

1. 组织创业沙龙活动

组织创业沙龙活动，邀请成功的创业者与学生进行面对面的交流。这种交流不仅能够分享实战经验与创业故事，还能激发学生的创业热情，帮助他们树立明确的创业目标。通过了解创业者的成功路径和面临的挑战，学生可以更好地规划自己的创业之路。

2. 安排实地考察活动

安排实地考察活动是线下教学的重要组成部分。带领学生参观当地的创新企业或创业孵化器，可以让学生亲身体验真实的创业环境和运营模式。这种实地考察能够帮助学生更直观地理解企业的运作流程和创新机制，从而激发他们的创造性思维和实践能力。通过观察和互动，学生能够将课堂上学到的理论知识与实际操作结合起来，增强对创业环境的感知和适应能力。

3. 举办创新创业主题工作坊

举办创新创业主题工作坊为学生提供了宝贵的实践机会。在这些工作坊中，学生可以在导师的指导下进行项目策划、商业计划书撰写等实用技能训练。这不仅有助于提高学生的动手能力和项目管理能力，还能增强他们的创新意识和团队合作精神。通过模拟真实的创业情境，学生能够更好地理解创业过程中的各个环节，并在实践中不断地完善自己的创业思维。

4. 组织团队合作挑战赛

组织团队合作挑战赛是一种有效的教学方法，能够鼓励学生组队参与创业项目的设计与实施。通过竞赛形式，学生在团队中提升了协作与创新能力。团队合作不仅能够培养学生的沟通技巧和领导能力，还能促使他们在实践中学会解决问题的能力。通过这种实践活动，学生能够在竞争中学习，在合作中成长，为未来的创业实践打下坚实的基础。

### （三）混合教学评估

通过对混合教学模式的灵活性评估，可以深入分析线上与线下教学的结合对学生学习效果的影响。在此过程中，教师需要关注如何有效地将线上资源与线下活动进行整合，以最大化地提升学生的学习体验和知识吸收率。这种评估不仅要考虑教学内容的传递，还要分析学生在不同教学环境下的适应能力和学习习惯的变化。通过灵活性评估，教师能够更好地理解混合教学的优势与不足，为未来的课程设计提供重要的参考依据。

学生参与度的评估在混合教学中尤为重要，它直接关系到学生的主动学习和课堂活动的参与度。通过观察学生在混合教学环境中的表现，教师可以判断这种教学方法是否有效地促进了学生的自主学习能力和课堂互动。在评估过程中，需要收集学生的反馈、观察学生在课堂中的互动情况，以及分析学生在完成线上任务时的积极性和效率。通过这些数据，教师能够更好地调整教学策略，以激发学生的学习兴趣和参与热情，从而提高整体教学质量。

教学资源利用效率评估则关注线上线下资源整合对课程内容丰富性的贡献。在混合教学模式下，教师可以利用多种数字化资源和传统教学工具，以提供多样化的学习材料和活动。这种评估需要分析资源的使用频率、学生对资源的接受程度以及资源对学习效果的实际影响。通过对资源利用效率的评估，教师可以优化资源配置，确保学生能够接触到最具价值的学习内容，从而提高学习效果。

学习成果的多维评估是确保全面反映学生学习进展的关键。结合线上线下学习成果进行综合分析，可以全面了解学生在混合教学模式下的知识掌握程度和技能发展情况。这种评估不仅包括传统的考试成绩，还涵盖学生在项目活动中的表现、线上任务的完成情况以及学习态度的变化。通过多维评估，教师能够获得更全面的学生学习画像，以便为每位学生提供更具针对性的指导和支持。

## 第四节　创新创业教育课程的实施与评价

### 一、创新创业课程的教学组织与管理

#### （一）教学计划的制订

教学计划的制订在高职大学生创新创业教育中扮演着至关重要的角色。合理的教学计划不仅能够为学生提供系统的知识框架，还能确保课程的实施与学生的职业发展需求相契合。

1．明确课程目标

制订教学计划时需要明确课程目标，这些目标应与高职大学生的职业发展需求和市场趋势紧密结合。通过深入分析行业动态和市场需求，课程设计者能够为学生提供更具实用价值的学习内容，帮助他们在未来的职业生涯中取得成功。

2．详细规划课程时间表

在制订教学计划时，课程时间表的详细规划同样不可或缺。合理安排课程内容与实践活动的比例，是提升学生学习体验的关键。实践活动的设计应当注重学生的实际操作能力和创新思维的培养，使学生能够在真实的情境中应用所学知识。通过多样化的实践活动，学生不仅能够加深对理论知识的理解，还能提升解决实际问题的能力，为其职业发展奠定坚实基础。

3．建立教学评价体系

建立多元化的教学评价体系是确保课程实施有效性的重要手段。评价体系应包括过程评价与结果评价，全面考查学生在学习过程中的表现与成果。过程评价关注学生在学习过程中的参与度、创造性思维和团队合作能力，而结果评价则着重于学生在课程结束后的知识掌握程度和实践能力。通过科学的评价体系，教师能够及时地获取学生的学习反馈，进而对教学方法和课程内容进行必要调整，确保学生的全面发展。

4．灵活设计课程内容

课程内容的灵活性设计是适应快速变化的行业需求的必要手段。高职院校应根据学生的反馈和行业的变化，及时调整课程内容，以保持课程的适应性。这种灵活性不仅能够满足学生的个性化学习需求，还能使课程内容始终保持与时俱进，确保学生在毕业后具备较强的竞争力。通过持续的课程内容更新，学生能够接触到最新的行业动态和技术发展，为其职业生涯的成功奠定基础。

### （二）课堂管理策略

有效的课堂管理策略不仅能够维持良好的课堂秩序，还能促进学生的自我管理能力和学习效率的提高。在高职院校的创新创业课程中，建立明确的课堂规则与行为规范是至关重要的。这些规则不仅能够帮助高职院校创建一个积极向上的学习氛围，还能培养学生的自律性和责任感。通过明确的行为准则，学生能够更好地理解课堂期望，并在日常学习中自觉遵守，从而提高整体的学习效果。

实施小组合作学习是课堂管理策略的重要组成部分。小组合作学习不仅能够激发学生的学习兴趣，还能培养他们的团队合作能力和沟通技巧。在创新创业课程中，学生常常需要在团队中共同解决复杂的问题，通过小组合作学习，学生能够在实践中锻炼其协作能力。这样的学习模式不仅能够增强学生的创新意识，还能促进他们在未来的职业生涯中更好地适应团队合作的工作环境。

定期进行课堂反馈与评估是优化教学策略的重要手段。通过反馈与评估，教师可以及时了解学生的学习需求和兴趣变化，从而调整教学策略以更好地满足学生的学习期望。这种动态调整的教学方法不仅能够提高课程的适应性，还能增强学生的学习积极性和参与感。通过对课堂表现的定期评估，教师能够更好地掌握学生的学习进度，并根据评估结果进行教学内容和教学方法的改进。

利用多种教学工具和技术手段能够有效提升课堂的互动性。在现代教学环境中，各种先进的教学工具和技术手段为课堂管理提供了更多的可能性。通过使用多媒体、在线平台等工具，教师可以设计出更具互动性和吸引力的课程内容。这不仅能够激发学生的学习积极性，还能帮助他们更好地理解和掌握创新创业知识，培养他们的实践能力和创新思维。

## 二、创新创业课程的学生参与度提升策略

### （一）激励机制设计

#### 1. 设立创新创业奖学金

通过设立创新创业奖学金，可以有效地激励在课程中表现优异的学生。这种奖励不仅是一种物质激励，更是一种精神上的认可，能够激发学生的学习热情和实践动力。奖学金的设立应充分考虑学生的多样化需求，既要奖励学术成绩优异者，也要鼓励那些在创新实践中展现出独特创意和潜力的学生。通过这种多层次的激励，能够促使更多学生积极参与到创新创业的学习和实践中。

#### 2. 组织创新创业竞赛

竞赛为学生提供了一个展示自我创意与项目的平台，获奖机会则为他们注

入了动力。通过竞赛，学生可以将课堂所学应用于实际项目中，锻炼自己的综合能力。这不仅能够提升学生的参与热情，还能通过竞赛的实战化过程增强他们的团队协作能力和创新思维。竞赛的评审过程也为学生提供了宝贵的反馈意见，帮助他们不断改进和完善自己的项目和创意。

3．建立导师制

导师制能够为学生提供个性化的指导，帮助他们在学习和实践中保持积极的态度。通过与导师的互动，学生可以获得更专业的指导和建议，帮助他们更好地规划学习路径和实践方向。导师的支持不仅在学术上给予帮助，更在心理上给予支持，这种双重支持能够有效激励学生在创新创业的道路上不断前行，保持持续的学习动力。

4．定期开展成果展示会

展示会为学生提供了一个展示其项目成果的机会，参与其中的学生能够通过展示获得他人的认可和赞赏，从而增强自信心和成就感。展示会还可以成为学生之间相互学习和交流的平台，通过观摩他人的作品，学生能够获得新的灵感和启发，进一步激发他们的创新思维和实践热情。这种良性的互动能够形成积极的学习氛围，推动更多学生参与到创新创业活动中。

5．引入企业实习机会

引入企业实习机会为学生提供了真实的实践平台，能够有效激励学生通过实际工作体验提升职业能力与创业意识。企业实习不仅让学生在真实的商业环境中锻炼自己，还能帮助他们将课堂知识应用于实践，增强对理论知识的理解和掌握。在实习过程中，学生可以通过观察和参与企业的运作，学习到许多课堂上无法获得的经验和技能，这种实践体验对于他们未来的职业发展和创业实践具有重要意义。通过这些多样化的激励机制设计，能够有效地提升高职大学生在创新创业课程中的参与度。

### （二）互动教学方法

互动教学方法在高职大学生创新创业教育中扮演着关键角色，其核心在于通过设计多样化的课堂互动活动，激发学生的学习热情和参与度。通过小组讨论、角色扮演和辩论等活动，学生不仅能够在课堂上积极参与，还能在表达个人观点的过程中锻炼思维能力。这些活动不仅为学生提供了展示自我和观点碰撞的机会，还能够培养他们的团队合作精神和沟通能力。在这种互动氛围中，学生的创新思维和创业意识能够得到有效激发，为其未来的职业发展打下坚实基础。

为进一步增强课堂互动性，教师可以充分利用数字工具和平台，如在线投票和即时反馈系统。这些技术能够实时收集学生对课程内容的理解和感受，使教师可以根据学生的反馈及时调整教学策略。通过这种方式，课堂不再是单向的信息传递，而变成了一个动态的交流平台。学生在参与这些互动过程中，不仅能够加深对课程内容的理解，还能培养批判性思维和解决问题的能力。这种教学模式的创新，不仅提升了学生的学习体验，也为教师提供了更为灵活的教学方法。

同时，设置情景模拟环节是提升学生实践能力的重要策略。在这些环节中，学生可以在真实或虚拟的商业环境中进行决策和操作，直接感受创业过程中的挑战与机遇。这种实践导向的教学方法，有助于提升学生的应变能力和实践技能，使他们在面对复杂商业环境时能够从容应对。通过模拟真实场景，学生不仅能够将理论知识应用于实践，还能在反思中不断提高自身的综合素质，从而更好地准备进入职场。

此外，引入同行评审机制可以有效地促进学生的学习和反思。在小组项目中，学生通过对彼此之间的评价，不仅能够更深入地理解团队合作的重要性，还能从他人的反馈中发现自身的不足。这种双向互动的评审过程，有助于提升学生的自我反思能力和批判性思维，同时也为他们提供了一个不断改进和提升的机会。在这种学习氛围中，学生能够以更加开放的心态接受挑战和变化，为其创新创业能力的全面发展奠定了良好的基础。

## （三）学生自主学习支持

### 1. 提供个性化学习计划

通过提供个性化学习计划，学生能够根据自己的兴趣和职业目标选择适合的学习内容和路径。这种个性化的学习方法不仅能够激发学生的学习动力，还能帮助他们更好地将理论知识与实际应用相结合。在制订学习计划时，教师应充分考虑学生的多样性和独特性，以确保每位学生都能获得最适合自己的学习体验。这种个性化的支持机制有助于培养学生的自主学习能力和自我管理能力，为他们未来的职业发展打下坚实的基础。

2. 建立在线学习社区

在这样的社区中，学生可以自由分享学习资源、经验和遇到的问题，形成一个互助合作的学习环境。这种学习社区不仅可以增强学生之间的互动，还可以提高他们的学习积极性和参与度。通过这种方式，学生能够在互相学习的过程中不断提高自己的创新创业能力。同时，在线学习社区还可以为学生提供一个展示自我的平台，使他们在分享和交流中增强自信心和表达能力。

3. 设置自主学习的时间和空间

通过允许学生在课外进行自主研究和项目开发，可以增强学习的灵活性，使学生能够在自己的节奏下探索和实践。这种灵活的学习方式不仅能够提高学生的自主性，还能培养他们的创新思维和解决问题的能力。在这种学习环境中，学生可以自由探索自己的兴趣领域，并在实践中不断提升自己的专业技能和综合素质。

4. 引入学习成果展示机制

通过展示个人项目或研究成果，学生能够增强自我表达和实践能力。这种展示机制不仅可以提高学生的自信心，还能激发他们的创新潜力。在展示过程中，学生可以获得来自同学和教师的反馈，从而进一步完善自己的项目和研究。同时，这种展示机制也为学生提供了一个相互学习和借鉴的机会，有助于形成良好的学习氛围和创新文化。

5. 提供多样化的学习资源

通过提供在线课程、电子书和视频讲座等多种形式的学习资源，学生能够根据个人需求进行自主学习。学习资源的多样性不仅能够满足不同学生的学习需求，还能激发他们的学习兴趣和探索欲望。在资源丰富的学习环境中，学生可以自由选择适合自己的学习方式和内容，从而提高学习效率和效果。自主学习支持机制有助于培养学生的终身学习能力，使他们在快速变化的社会中保持竞争力。

## 三、创新创业课程的资源利用与更新

### （一）数字化资源利用

1. 建立在线学习平台

通过集中提供丰富的教学资源，如视频课程、电子书和在线讨论论坛，学生能够随时随地进行学习。这种灵活的学习方式不仅打破了传统课堂的时间和空间限制，还为学生提供了个性化学习的机会。此外，在线学习平台的互动功能可以促进师生之间、学生与学生之间的交流与合作，进一步提升学习效果。

2. 开发在线模拟创业工具

这些工具为学生提供了一个虚拟的商业环境，使其能够在不承担实际风险的情况下进行商业决策和市场分析。这种实践性学习方式有助于提升学生的实践能力和应变能力。在虚拟环境中，学生可以尝试不同的创业策略，观察其结果，并从中学习。这种体验式学习不仅增强了学生的创业意识，也为他们未来的创业实践奠定了坚实的基础。

3. 引入在线讲座和研讨会

引入行业专家的在线讲座和研讨会，利用网络技术邀请成功创业者分享经验，是数字化资源利用的重要组成部分。这些专家讲座为学生提供了与实际创业环境接触的机会，帮助他们更全面地理解创业面临的挑战和机遇。通过与行业专家的互动，学生可以获得最新的行业动态和实用的创业技巧，从而增强他们的创业信心和能力。这种实践与理论相结合的教学方式，极大地丰富了学生的学习体验。

4. 利用数字化评估工具

利用数字化评估工具对学生的学习进展进行实时监测和反馈，是数字化资源利用的又一重要方面。这些工具可以帮助教师及时了解学生的学习情况，并根据反馈调整教学策略，以更好地满足学生的需求。实时评估不仅提高了教学的针对性和有效性，也激励了学生的学习积极性，使他们能够在学习过程中不断改进和提高。

5. 整合社交媒体和在线社区

整合社交媒体和在线社区，鼓励学生分享学习经验和项目进展，是促进互动交流和合作学习的重要措施。通过这种方式，学生可以在一个开放的平台上相互学习和启发，形成良好的学习氛围。社交媒体的即时性和广泛性使学生能够快速获得信息和反馈，从而加快学习进程。这种共享与合作的学习模式，不仅提高了学生的团队合作能力，也为他们的创新创业实践提供了有力支持。

## （二）教学设备更新

在高职院校的创新创业教育中，教学设备的更新是提升教育质量和效果的重要环节。现代教育技术的快速发展，为创新创业课程的实施提供了新的契机。通过更新教学设备，高职院校可以为学生提供更为先进的学习环境。例如，虚拟现实技术的引入为学生创造了沉浸式的学习体验，使他们能够在虚拟环境中进行创新实践活动。这不仅提高了学生的实践能力，也激发了他们的创新意识，有助于培养出具有实际操作能力的创新型人才。

为了适应现代商业环境的变化，高职院校需要引入高性能计算机和相关软件，支持学生进行数据分析和市场调研。这些工具不仅帮助学生掌握现代商业决策的基本技能，还为他们提供了分析和解决实际商业问题的机会。这种设备的更新，使学生能够在学习过程中接触最新的商业技术和方法，提升他们在市场中的竞争力，确保他们在毕业后能够迅速适应职场需求。

多媒体教学设备的配备是提升课堂互动性和学生参与感的有效途径。通过使用视频、音频和图像等多媒体资源，教师可以丰富教学内容，使课堂更加生动有趣。这种教学方式不仅可以吸引学生的注意力，还能帮助他们更好地理解复杂的概念和理论。此外，多媒体教学设备的使用也为教师提供了更多的教学方法选择，促进了教学质量的提高。

移动学习平台的建立，使学生能够通过智能手机和平板电脑随时随地访问学习资源。这种灵活的学习方式，不仅打破了时间和空间的限制，还增强了学生的自主学习能力。学生可以根据自己的学习进度和需求，自主安排学习内容和时间。这种设备更新体现了教育信息化的趋势，为学生提供了更为个性化和便捷的学习体验，促进了学习效率的提升。

高职院校还应注重更新实验室和工作室设备，以提供真实的模拟创业环境。这些设备的更新，使学生能够在实际操作中提升创业技能，为他们提供了一个安全的实践平台。在这样的环境中，学生可以进行创业项目的模拟操作，从而积累实际经验，提升解决实际问题的能力。这种实战演练，不仅提高了学生的创业成功率，也为他们未来的职业发展奠定了坚实的基础。

## 四、创新创业课程的教学效果评估方法

### （一）学生反馈收集

在高职大学生创新创业教育中，学生反馈收集是评估教学效果的重要环节。定期进行匿名问卷调查是获取学生对课程内容、教学方法及实践活动反馈的有效途径。通过问卷调查，可以深入了解学生的学习体验和满意度，为课程的优化提供数据支持。调查问卷应设计合理，涵盖课程的各个方面，确保反馈的全面性和客观性。通过分析问卷结果，教师可以识别课程中的优势和不足，从而制定针对性的改进策略。

组织小组讨论会是一种有效的学生反馈收集方法。在小组讨论会上，学生有机会分享他们对课程的看法和建议，促进他们在课程改进过程中积极参与。小组讨论不仅能为学生提供一个表达个人观点的平台，还能激发他们的批判性思维和创新意识。通过这种互动方式，教师可以更好地了解学生的真实需求和期望，进而调整教学内容和方法，使课程更具吸引力和实用性。

课程结束后的反馈环节同样重要，它鼓励学生针对具体教学环节提出改进意见。这样的反馈机制确保了反馈的针对性和有效性，帮助教师识别教学过程中的细节问题。学生在反馈中提出的建议往往是基于亲身体验的，因而具有很高的参考价值。通过这种方式，教师可以不断地优化教学设计，提高课程质量，最终增强学生的学习效果。

此外，开展课程评估会议，并邀请学生代表参与，是增强学生参与感和责任感的重要方式。在这样的会议中，学生可以直接参与讨论课程的实施效果和未来改进方向。这不仅提高了学生对课程的责任感，也为教师提供了一个多角度的反馈视角。通过学生的参与，课程评估变得更加全面和深入，为创新创业教育的持续改进奠定了基础。

### （二）教学目标达成度分析

教学目标达成度分析是评估高职大学生创新创业教育课程效果的重要环节。

通过教学目标的具体化与量化，教师可以设定明确的评估指标，确保每个课程目标在学生学习过程中都能够被清晰地衡量。这种方法不仅有助于教师了解学生的学习进度，还能为学生提供清晰的学习方向和目标。在创新创业教育中，明确的目标可以激励学生更积极地参与课程活动，并通过不断的自我评估来调整学习策略，从而更好地实现个人发展。

利用形成性评价方法，教师能够持续跟踪学生在课程中的表现与进步。这种评价方法强调过程性，通过对学生学习过程中的多次评估，教师可以及时获得学生的学习状态信息，并根据反馈调整教学策略，以提高目标达成率。形成性评价不仅关注学生的知识掌握情况，还重视学生在技能和态度方面的进步。这种持续的反馈机制有助于教师在课程实施过程中进行动态调整，从而更有效地促进学生的全面发展。

课程结束后的总结性评价是评估教学效果全面性的关键步骤。通过总结性评价，教师可以分析学生在知识、技能和态度等方面的综合提升情况。这一阶段的评价不仅关注学生在课程结束时的学习成果，还考虑到他们在课程期间的成长和变化。总结性评价为改进课程内容和教学方法提供了重要依据，同时也为学生提供了反思自己学习历程的机会，帮助他们明确未来的学习目标和方向。

学生自我评估和同伴评价是促进学生对自身学习成果反思的重要手段。通过自我评估，学生可以更好地理解自己的学习目标达成度，并对自身的学习过程进行深刻反思。同伴评价则提供了一个从不同视角了解自己学习情况的机会，学生在评价同伴的同时也能获得新的学习启发。这种双向的评价机制不仅提升了学生的自我认知能力，还增强了他们的学习责任感和团队合作意识。

### （三）评估工具的选择

在创新创业课程的教学效果评估中，选择合适的评估工具至关重要。这些工具不仅要具备科学性和有效性，还要适应高职教育的特殊需求。

#### 1. 量化评估工具

设计量化评估工具，评估指标必须明确且可测量，以便量化学生的学习成果和进步。这种设计不仅能够提供客观的数据支持，还能帮助教师更好地了解学生的学习动态，从而制订更有针对性的教学计划。此外，量化评估工具的使用也为学生提供了清晰的学习目标和方向，激发其学习动机。

2. 形成性评价工具

形成性评价工具通过持续监测学生在学习过程中的表现，为教师提供及时的反馈信息，使其能够根据学生的具体需求调整教学策略。形成性评价不仅关注学生的最终成绩，更关注其学习过程中的成长与变化。这种动态的评估方式能够帮助教师更好地理解每位学生的学习路径，并为其提供个性化的指导。同时，形成性评价也鼓励学生在学习过程中积极参与，提升其学习的投入度和自我效能感。

3. 自我评估工具

自我评估工具的引入旨在鼓励学生对自身学习进行反思。通过自我评估，学生可以识别自身的优势与不足，增强其学习的自主性和责任感。这一过程有助于培养学生的自我管理能力和批判性思维，使其在未来的创新创业实践中更具竞争力。自我评估还可以帮助学生设定合理的学习目标，激励其不断追求进步和发展。此外，自我评估的结果也为教师提供了宝贵的参考信息，以便更好地支持学生的个性化学习需求。

4. 同伴评价机制

同伴评价机制的建立在创新创业教育中具有独特的价值。通过同伴评价，学生可以在互相学习和反馈中提升团队合作能力和沟通技巧。这一机制不仅促进了学生之间的互动与交流，还为其提供了一个反思和改进的机会。在同伴评价中，学生需要对他人的表现进行分析和评价，这一过程有助于培养其批判性思维和解决问题的能力。同时，同伴评价也为教师提供了多元化的视角，帮助其更全面地了解学生的学习情况。

# 第三章　高职大学生创新创业教育的实践平台建设

## 第一节　校内外资源整合与协同机制

### 一、校内资源的优化配置与利用

#### （一）教学资源的整合

通过建立跨学科的课程体系，学校能够鼓励不同专业的学生共同参与创新创业项目。这种跨学科的课程设计不仅促进了资源共享，还实现了知识的交融，使学生在不同的学科背景下碰撞出创新的火花。跨学科的合作能够打破传统学科之间的壁垒，培养学生的综合素质和创新能力。此外，学校还可以通过引入企业导师和行业专家，为学生提供丰富的实践经验和行业洞察。定期举办讲座和工作坊，为学生提供与行业一线专家面对面交流的机会，增强了教学内容的实用性和前瞻性。

利用校园内的实验室、创客空间和创业孵化器等资源，为学生提供设备和场地支持，是创新创业教育实践中不可或缺的一部分。这些设施不仅为学生提供了实践和创新的空间，还激励他们将理论知识应用于实际项目中。实验室可以作为学生进行科学实验和技术开发的场所，而创客空间为学生提供了一个自由创作和交流的平台。创业孵化器则通过提供办公空间、资金支持和创业指导，帮助学生将创新思维转化为实际的创业项目。

实施校内外合作项目是整合高校与企业、社会组织资源的重要途径。通过这种合作，形成了多方参与的创新创业教育生态圈，提升了学生的实践能力和市场适应性。高职院校可以通过与企业合作，开展真实的项目实践，使学生在学校期间就能接触到行业前沿的技术和市场需求。同时，社会组织的参与也为学生提供了更多的实践机会和资源支持，帮助他们更好地理解社会需求和市场动态。这种多方协同的机制，不仅丰富了学生的学习经历，还为他们未来的职业发展奠定了坚实的基础。

## （二）校内资源使用效率提高策略

1．建立校内资源共享平台

通过这一平台，各学院之间可以实现资源的互通有无，从而有效地提高教学设施和设备的使用率。这不仅有助于减少资源闲置和浪费，还能为学生提供更多的实践机会，促进跨学院的学术交流与合作。此外，资源共享平台的建立也有助于打破学院之间的壁垒，形成资源利用的合力，推动创新创业教育的全面发展。

2．制定资源使用的评估与反馈机制

通过定期收集师生对资源使用的意见和建议，学校可以及时发现资源配置和使用流程中的问题，并进行相应的优化调整。这种评估与反馈机制不仅能提高资源使用的科学性和合理性，还能增强师生对资源使用的参与感和责任感。通过持续的评估和反馈，学校可以逐步完善资源管理体系，实现资源的最优配置和高效利用。

3．推动跨专业团队合作

跨专业团队合作的推动是提高校内资源利用多样性和效率的有效手段。在创新创业项目中，鼓励学生组成跨专业团队，共同使用校内资源，可以促使不同学科知识的交叉融合，激发学生的创新思维和创造力。这种合作模式不仅能提高资源的利用效率，还能培养学生的团队协作能力和综合素质，为其未来的职业发展奠定坚实的基础。同时，跨专业合作也为学生提供了一个多元化的学习和实践平台，拓宽其创新创业的视野。

4．校内外资源信息化管理

加强校内外资源的信息化管理是提高资源使用透明度和效率的重要策略。利用数字化工具实现资源的预约和管理，可以大大简化资源使用的流程，提高资源调配的灵活性和便捷性。信息化管理不仅能提高资源使用的效率，还能提高资源管理的透明度，增强师生对资源使用的信任感和满意度。此外，信息化管理还可以为学校提供翔实的资源使用数据，支持科学决策和资源的可持续发展。通过信息化手段，高职院校可以实现资源管理的现代化和智能化，进一步推动创新创业教育的高效开展。

## 二、校外资源的引入与合作模式

### （一）企业资源的引入

企业作为市场经济的主体，拥有丰富的实践经验和行业资源，能够为学生提供真实的职业环境和实践机会。通过引入企业资源，学校可以搭建理论与实践相结合的平台，促进学生创新能力和职业技能的全面提升。企业资源的引入不仅是简单的资源共享，更是校企之间深度合作的体现，这种合作模式有助于构建更加开放的教育生态系统，推动高职教育的改革与发展进程。

建立企业实习基地是企业资源引入的重要形式。通过在企业内部设立实习基地，学生可以在真实的工作环境中进行实践，接触最新的行业动态和技术应用。这种实践机会不仅增强了学生的职业技能，还培养了他们的创新思维能力。在企业实习过程中，学生能够将课堂上学到的理论知识应用于实际操作中，从而加深对专业知识的理解和掌握。同时，企业也能够通过实习生的表现，挑选优秀的潜在员工，实现学校与企业的双赢。

引入企业赞助的创新创业大赛，是激励学生参与实践项目的重要方式。通过大赛，学生能够在团队协作中锻炼自身的项目管理能力和创新思维。企业的赞助不仅提供了资金支持，更为重要的是提供了行业专家的指导和评审，帮助学生更好地理解市场需求和行业标准。这种大赛形式不仅激发了学生的创新热情，还提高了他们的竞争意识和团队协作能力，使他们在实践中不断成长和进步。

与企业合作开发课程，是实现教学内容与市场需求紧密对接的有效途径。通过与企业共同设计课程，学校可以确保教学内容的实用性和前瞻性。企业参与课程开发，能够提供最新的行业动态和技术趋势，帮助学校及时更新教学内容，保持课程的先进性和实用性。同时，企业的参与也使课程更具有针对性和实战性，学生在学习过程中能够更好地理解行业需求，为未来的职业发展做好准备。

### （二）社会资源的合作模式

通过有效整合社会资源，可以为学生提供丰富的实践机会和多样化的学习平台。建立与社区组织的合作关系是其中一种重要的合作模式。在这种模式下，学校可以与社区共同举办创新创业活动，如创业大赛、社会服务项目等。这不仅能够增强学生的社会责任感，还能提升他们的实践能力。在活动中，学生通过实际操作，了解如何将创新理念转化为切实可行的项目，从而积累宝贵的实践经验。

引入非营利机构的资源是一种有效的合作模式。非营利机构通常拥有丰富的创业培训和辅导经验，可以为学生提供系统的商业知识和技能培训。通过与这些机构的合作，学校可以为学生开设创业培训课程，邀请经验丰富的创业导师进行指导。这种合作不仅能提高学生的创业成功率，还能帮助他们在创业初期规避常见的风险和挑战。通过这些培训，学生能够更好地理解市场需求，制订合理的商业计划，从而在激烈的市场竞争中脱颖而出。

同时，与行业协会的合作也是一种不可或缺的社会资源合作模式。通过组织行业交流会和职业发展讲座，学校可以帮助学生了解行业动态和职业发展路径。这些活动为学生提供了一个与行业专家直接交流的平台，使他们能够获得最新的行业信息和发展趋势。同时，学生还可以通过这些活动建立自己的专业人脉网络，为未来的职业发展创造更多的机会。通过与行业协会的密切合作，学生能够更好地规划自己的职业生涯，明确职业目标和发展方向。

## 三、校企协同创新的机制设计

### （一）协同创新的组织架构

在高职院校的创新创业教育中，协同创新的组织架构是实现校企深度合作的基础。有效的组织架构能够整合多方资源，形成合力，推动创新项目的持续发展。

1. 建立校企联合创新中心

校企联合创新中心不仅是一个物理空间，更是一个思想碰撞的场所。通过整合高校的学术资源与企业的市场资源，形成跨界合作团队，能够更好地孵化创新项目。这种合作模式不仅有助于提升学生的实践能力，还能为企业提供新颖的创新思路，实现校企双赢。

2. 设立校企协同创新委员会

校企协同创新委员会的职责包括定期召开会议，评估合作项目的进展和效果。通过这种机制，各方可以及时沟通，调整合作策略，确保项目的顺利推进。同时，该委员会还负责平衡各方利益，确保资源的合理分配与共享。这样不仅能提升合作的透明度，还能增强各方的信任与合作意愿，为创新创业教育的长远发展奠定基础。

3. 合作协议的制定

明确的合作协议能够界定各方在创新创业项目中的角色与责任，从而提升合作的规范性与有效性。在协议中，需要详细规定各方的投入、收益分配、知识产权归属等关键问题。通过这种方式，可以有效地避免合作过程中可能出现的各种纠纷，确保项目的顺利实施。此外，合作协议的制定也能为双方提供法律保障，增强各自的合作信心。

4. 信息共享平台的建立

在校企合作中，信息的不对称往往是影响合作效果的关键因素。通过建立信息共享平台，可以实现校企之间的资源和信息流通。这不仅有助于提升合作的透明度，还能加快创新项目的推进速度。信息共享平台的建设需要考虑到信息安全与保密，同时要确保信息的及时更新与准确性。这样的平台不仅能提高协同创新的效率，还能为学生提供更多的学习与实践机会，促进其创新能力的提高。

## （二）创新项目的合作机制

创新项目的合作机制在高职院校的创新创业教育中扮演着至关重要的角色。通过建立有效的合作机制，可以实现校企资源的有效整合，促进学生创新能力的提升。

1. 明确各方的角色与责任

合作机制需要明确各方的角色与责任，确保参与各方的积极性与合作意愿。在机制设计中，应充分考虑校企双方的优势，结合企业的实际需求与学校的教学资源，制订切实可行的合作计划。通过定期的沟通与反馈，及时解决合作过程中出现的问题，保障合作机制的持续运作。此外，合作机制的设计还需强调开放性与灵活性，以适应不断变化的市场环境和技术发展趋势。

2. 建立创新项目的评估机制

通过科学合理的评估机制，可以对项目的进展、成果和团队表现进行系统的评估。这不仅有助于及时发现项目推进中的问题，还能为后续的策略调整和资源配置提供依据。评估机制应包括定性与定量的评价指标，涵盖项目的创新性、实用性、市场潜力等多方面内容。此外，评估应定期进行，并结合阶段性成果进行动态调整。通过评估机制的实施，确保项目的有效推进，提升项目的整体质量和影响力。

3. 制订创新项目的资金支持方案

资金支持方案的制订需要明确资金的来源、使用范围和管理流程，以提供项目实施的财务保障。高职院校可以通过与企业合作，争取政府支持，以及设立专项基金等多种途径筹集资金。在资金使用方面，应制订详细的预算计划，确保资金的合理分配和高效使用。同时，建立严格的资金管理制度，进行定期审计与监督，确保资金使用的透明性和安全性。通过制订完善的资金支持方案，激励学生积极参与创新项目，推动项目的顺利开展。

4. 设立知识产权保护机制

设立创新项目的知识产权保护机制，对于保障项目成果的合法性和独立性至关重要。知识产权保护机制可以鼓励学生在创新过程中积极申请专利和其他知识产权，提升他们的创新意识和法律意识。高职院校应为学生提供知识产权相关的培训与指导，帮助他们了解知识产权申请的流程和注意事项。此外，在校企合作中，应明确知识产权的归属与使用权，避免因产权纠纷影响合作关系和项目进展。通过知识产权保护机制的实施，确保创新成果的合法权益，促进创新项目的持续发展。

5. 推动跨校合作的创新项目

推动跨校合作的创新项目是提升项目创新性和市场竞争力的重要策略。通过跨校合作，可以实现不同高校之间的资源共享与信息交流，形成多元化的创新生态。高职院校应积极与其他高校建立合作关系，共同开展创新项目，分享各自的资源与经验。在合作过程中，应注重建立平等互利的合作机制，明确各方的权利与义务，确保合作的顺利进行。通过跨校合作，学生可以接触更多元的资源和视角，提升自身的创新能力和市场适应能力，为未来的职业发展奠定坚实的基础。

## 四、多方参与的协同管理体系

### （一）管理角色与职责分配

在高职院校的创新创业教育实践中，管理角色与职责分配显得尤为重要。明确校内管理团队的职责是确保资源整合与使用效率的关键。校内管理团队需统筹协调各项资源，确保资源的高效配置与利用，以支持学生的创新创业活动。管理团队不仅需要具备良好的协调能力，还需对各类资源的特性和使用方法有深入的了解，以便在资源整合过程中做出最佳决策。此外，管理团队还需负责制定相关政策，确保创新创业教育的顺利进行。

设立企业合作联络员是推动校企合作的重要举措。联络员的职责在于与企业保持良好的沟通渠道，维护和发展校企关系，确保实习基地和项目合作的顺利实施。联络员需要具备较强的沟通能力和人际交往技巧，以便准确地传达校方的需求和企业的反馈。通过联络员的努力，校企双方可以在资源共享、项目合作等方面达成共识，实现双赢。企业合作联络员的存在不仅有助于实习基地的建设，也为学生提供了更多的实践机会。

建立学生创新团队的管理机制是促进团队协作与项目推进的有效手段。在创新创业教育中，团队合作是不可或缺的组成部分。明确团队成员的角色分工与责任，可以提高团队的工作效率，增强团队凝聚力。管理机制需明确团队的目标、任务分配及进度考核标准，以确保项目的顺利推进。同时，团队管理机制还应关注团队成员的个人发展，帮助他们在实践中提升自身的创新能力和合作精神。

制定校外资源引入的评估标准是确保合作项目有效性的重要环节。高职院校在引入校外资源时，需要对合作项目进行严格的效果评估与反馈，以确保合作的持续优化与改进。评估标准应包括资源的适用性、合作的可持续性及对学生发展的促进作用等方面。通过科学的评估标准，学校可以不断优化资源引入策略，提高合作项目的质量和效果，为学生提供更优质的创新创业教育体验。

### （二）协同管理的沟通机制

在高职大学生创新创业教育中，协同管理的沟通机制是实现资源优化配置和高效利用的关键。通过建立定期沟通机制，校内各部门与企业之间的信息得以及时传递。这不仅有助于明确各方在创新创业教育中的角色和职责，还能促进资源的高效配置与利用。定期沟通的机制能够帮助各方及时了解项目的进展情况，识别潜在问题，并迅速地采取措施进行调整，从而确保教育实践的顺利进行。

为了增强协同管理的响应能力，设立有效的反馈渠道是必不可少的。学生和教师作为协同管理的重要参与者，他们的意见和建议对于优化管理策略具有重要意义。通过设立反馈渠道，鼓励他们就协同管理的实施效果提出宝贵的意见和建议，可以帮助管理层及时调整策略，以适应不断变化的教育需求。这种反馈机制不仅提高了管理的灵活性，也增强了师生之间的参与感和责任感，有助于形成良好的创新创业教育氛围。

组织跨部门的协调会议是促进不同学院和企业之间沟通与协作的重要手段。在创新创业教育中，各方的目标一致性至关重要。通过定期的跨部门协调会议，可以有效解决各方在项目实施过程中遇到的困难和挑战，确保各方目标的一致性。协调会议不仅能够增强各方的协作意识，还能为各方提供一个分享经验和最佳实践的平台，从而推动创新创业教育的持续改进和发展。

数字化平台的利用为协同管理提供了新的可能。通过数字化平台，各参与方可以实现实时沟通，随时获取项目的最新进展信息。这种实时沟通机制不仅提高了协同管理的透明度和效率，还减少了信息传递过程中的误解和延误。数字化平台的应用使各方能够更加灵活地应对项目实施中的变化，确保创新创业教育的各个环节都能高效运作。通过这些机制的有效实施，高职院校的创新创业教育实践平台建设将更具活力和成效。

## 五、信息共享平台的建设

### （一）信息平台的技术支持

在高职大学生创新创业教育的实践中，信息平台的技术支持成为关键因素。信息平台的建设需要依托先进的技术手段，以实现资源的高效整合与利用。构建基于云计算的资源共享平台是其中的重要举措。云计算技术不仅可以提供强大的计算和存储能力，还能确保校内外资源的实时更新与访问。这种技术的应用极大地提升了信息获取的便捷性，使学生和教师能够随时随地获取最新的教育资源和信息，从而支持创新创业教育的顺利开展。

开发移动应用程序是信息平台技术支持的重要组成部分。移动应用程序的开发旨在方便学生随时随地查询和预约校内外资源，提高资源利用效率。通过移动应用程序，学生可以轻松地浏览课程信息、预约实验室设备和参加创业活动。这种便捷的方式不仅提高了资源的利用效率，还增强了学生参与创新创业活动的积极性，为他们提供了更为灵活的学习和实践环境。

引入大数据分析技术也是信息平台技术支持中的一项重要措施。大数据分析可以实时监测资源的使用情况，为资源配置提供数据支持。通过对资源使用数据的分析，学校可以更好地了解哪些资源被高频使用，哪些资源利用率较低，从而优化资源配置和决策过程。这种数据驱动的决策方式不仅提高了资源的使用效率，还能为学校的创新创业教育提供更为科学的支持。

此外，建立信息安全管理机制是信息平台建设中不可或缺的一环。信息安全管理机制的建立旨在保障平台数据的安全性与隐私性，增强用户对信息共享平台的信任。在信息化时代，数据安全问题日益突出，信息共享平台必须具备严格的数据保护措施，以防止信息泄露和不当使用。这不仅涉及技术层面的安全防护，还需要制定完善的管理制度和签订用户协议，以确保信息共享平台的安全运行。通过这些措施，信息平台可以为高职大学生的创新创业教育提供一个安全、可靠的支持环境。

### （二）数据共享与安全保障

在高职大学生创新创业教育的背景下，数据共享与安全保障是信息共享平台建设的核心环节。数据共享不仅能够提高资源利用效率，还能促进校内外资源的协同。然而，在共享的过程中，数据安全成为不可忽视的问题。为此，建立数据访问权限管理机制显得尤为重要。通过设置严格的权限管理，确保只有经过授权的用户才能访问敏感信息，从而有效保护用户的隐私和数据的安全性。这种机制不仅能够防止未经授权的访问，还能减少数据被滥用的风险，为信息共享平台的安全运行奠定坚实的基础。

数据的安全性不仅体现在访问权限的管理上，还需要通过实施定期的数据备份和恢复计划来保障。在信息化时代，数据的丢失或损坏可能对创新创业教育造成严重影响。因此，定期备份数据成为必不可少的措施。通过制定详细的数据备份策略，确保在发生意外时，能够迅速恢复数据，保障信息的持久性和可用性。这一措施不仅能够保护重要的数据资产，还能提高信息共享平台的可靠性，为高职院校的创新创业教育提供持续的支持。

为了进一步确保数据在传输和存储过程中的安全性，引入数据加密技术是必不可少的。数据加密技术能够有效防止数据在传输过程中被截获或篡改，保护信息的完整性和机密性。在信息共享平台中，采用先进的加密算法，可以为数据提供多层次的保护，防止数据泄露问题的发生。这一技术不仅增强了平台的安全性，还提高了用户对信息共享平台的信任度，为高职大学生的创新创业活动提供了安全的环境。

数据安全的保障离不开对师生的数据安全培训。通过定期开展数据安全培训，提高师生对数据安全和隐私保护的认识，能够有效增强其在使用信息共享平台时的安全意识。在培训中，师生可以学习到最新的数据安全技术和最佳实践，了解如何识别和防范潜在的安全威胁。这种培训不仅提高了师生的安全技能，还促进了安全文化的形成，为高职院校的创新创业教育创造了一个安全、可信的环境。

## 第二节　创新创业竞赛与活动组织

### 一、创新创业竞赛的组织策略

#### （一）竞赛目标设定

明确竞赛的主题与方向，能够有效地激发学生的创新思维和创业意识。这一过程要求竞赛内容与市场需求紧密结合，以确保学生的创意不仅具有学术价值，更具备实际应用的潜力。在设定竞赛目标时，评估标准的制定尤为重要。评估标准不仅要确保评审过程的公正性与透明度，还需要激励学生积极参与，充分展示其创新能力。通过合理的评估机制，学生能够在竞赛中获得建设性的反馈，从而不断地改进和提升自身的项目。

鼓励跨学科团队的组建是创新创业竞赛中的一项重要策略。不同专业背景的学生通过合作与交流，可以形成更具创意和多样性的项目。这种跨学科的合作模式，不仅拓宽了学生的视野，也培养了他们的团队协作能力和沟通技巧。在竞赛过程中，合理的时间安排与流程也是不可或缺的。科学的时间管理能够确保各个环节的顺畅进行，提高参赛团队的效率与参与热情。在时间安排上，应考虑学生的学习任务与竞赛任务之间的平衡，以避免过度的时间压力影响参赛体验。

同时，提供必要的资源与支持是确保竞赛成功的重要保障。高职院校应为学生提供导师指导、资金赞助等支持，以帮助他们在竞赛中更好地实现创意与项目。导师指导能够为学生提供专业的建议和方向上的引导，而资金赞助则为项目的实施提供了物质基础。通过这些支持，学生能够更加专注创意的实现和项目的完善，从而在竞赛中取得更好的成绩。高职院校在组织创新创业竞赛时，通过精心的目标设定、合理的资源配置和有效的策略实施，能够为学生提供一个良好的实践平台，助力其创新创业能力的全面提升。

### （二）组织流程设计

在高职院校创新创业竞赛的组织过程中，设计科学合理的组织流程是确保竞赛顺利进行的关键。

首先，需要明确竞赛的组织结构，设定负责各项工作的团队成员及其职责。通过合理分工，确保每位成员都能在自己的工作岗位上发挥作用，形成一个高效协作的团队。这样不仅能提高竞赛的运作效率，还能在团队中培养成员的责任感和协作能力。同时，制订详细的竞赛宣传计划也是组织流程设计的重要一环。通过多渠道宣传，如校园公告、社交媒体、校园网络平台等，吸引更多学生的关注和参与。这不仅能提高竞赛的知名度和影响力，还能激发学生的创新创业热情，营造良好的校园创新创业氛围。

其次，在竞赛的评审环节，设计科学透明的评审流程至关重要。评审流程通常包括初审、复审和决赛，每个环节都需要有明确的评估标准，以确保评审的公正性和透明度。初审阶段可以设定基本的入围标准，筛选出符合竞赛主题和要求的项目；复审阶段需要更深入的分析和讨论，评估项目的创新性、可行性和市场潜力；决赛阶段则是对优秀项目的综合评价，通常会邀请专家评委进行现场评审。这样的评审流程不仅能保证竞赛的公平性，还能为参赛者提供明确的改进方向，促进他们不断提升自己的项目质量。

再次，为了提高竞赛的组织效率，建立参赛团队的注册与管理系统是必要的。该系统可以为学生提供便捷的报名、组队和项目管理服务，使整个竞赛过程更加流畅。参赛者可以通过系统查看竞赛的各项安排和要求，实时更新项目进展，并与组委会保持有效沟通。这种信息化管理方式不仅能减少组织者的工作量，还能提升参赛者的参与体验，使他们更专注于项目的创新和发展。

最后，赛后总结与反馈是竞赛组织流程中不可或缺的一部分。通过安排赛后总结会议，收集参赛者的意见和建议，组织者可以对竞赛的各个环节进行全面的反思和评估。这些反馈信息不仅能为今后的竞赛改进提供依据与参考，还能帮助组织者识别竞赛中的亮点和不足之处，进一步优化竞赛的设计和实施。此外，赛后总结也是对参赛者的一种激励，通过表彰优秀团队和项目，激发更多学生参与创新创业活动的热情，推动高职院校创新创业教育的持续发展。

## 二、创新创业活动的类型与设计

### （一）创新工作坊

创新工作坊在高职大学生创新创业教育中扮演着重要角色，其主题设计应紧密围绕市场需求和技术前沿。通过这种设计，参与者能够接触最新的行业动态与创新理念，从而在实践中获得更为深刻的理解和应用能力。工作坊的主题不仅要具有前瞻性，还要贴近实际，能够引导学生关注未来趋势和行业变革，这样才能培养出具备创新思维和实践能力的人才。

在创新工作坊中，互动式教学方法是激发学生创造力和团队合作精神的关键。通过小组讨论、角色扮演等方式，学生能够在模拟的真实情境中体验创新过程，锻炼解决实际问题的能力。这种教学方法不仅提高了学生的参与度和兴趣，还提高了他们在团队中的沟通与协作能力，帮助他们在未来的职业生涯中更好地适应多变的工作环境和团队合作的要求。

邀请行业专家和成功创业者作为导师参与工作坊，是提升学生实战能力和职业素养的重要措施。通过分享实践经验和指导，导师能够为学生提供宝贵的行业见解和创业建议，帮助他们更好地理解行业运作和市场需求。这种导师制的引入，不仅为学生提供了一个与行业精英直接交流的平台，还能激发他们对未来职业发展的思考和规划。

为了确保创新工作坊的顺利开展，为参与者提供必要的资源支持也是必不可少的。无论是材料、工具还是场地的提供，都能让学生在工作坊中更专注项目实践，减少外部条件的限制。这种资源的支持，不仅体现了学校对创新创业教育的重视，也为学生创造了一个良好的实践环境，鼓励他们大胆尝试和探索。

此外，设置工作坊的成果展示环节是对学生创意和项目的一种肯定和激励。

通过展示环节，学生有机会展示他们的创意和项目，接受评审与反馈，这一过程不仅提升了他们的自信心和表达能力，还培养了他们接受建议和改进项目的能力。这种展示和反馈机制，能够帮助学生更加全面地认识自己的优点和不足，从而在未来的学习和实践中不断提升自己。

### （二）创业沙龙

在高职院校的创新创业教育中，创业沙龙作为一种重要的实践形式，发挥着独特的作用。创业沙龙的主题设计应紧密围绕当前热门的创业趋势和市场需求。这样的主题选择不仅能激发学生的创业灵感，还能引发他们对市场动态的深入思考。通过对热门话题的探讨，学生能够更好地理解创业环境的变化，进而培养他们敏锐的市场洞察力和创新意识。这种主题导向的活动设计，有助于学生在真实的市场情境中进行思考和探索，增强其创业思维的灵活性和前瞻性。

在创业沙龙的组织形式上，轻松互动的氛围至关重要。通过这种形式，参与者可以自由地分享自己的创业想法和经验，营造出一个开放的交流平台。在这个平台上，学生不仅是听众，更是积极的参与者和贡献者。通过相互的交流与启发，学生们能够从不同的视角审视自己的创业构思，进而进行完善和创新。这种互动形式，不仅能够增强学生的表达能力和团队协作意识，还能帮助他们在实践中锤炼解决实际问题的能力。

邀请成功的创业者和行业专家作为嘉宾，是创业沙龙的一大亮点。这些嘉宾通过分享自身的创业经历和实用建议，为学生提供了宝贵的实战经验。通过与这些经验丰富的嘉宾面对面交流，学生能够更直观地了解创业过程中的挑战和机遇。同时，嘉宾的建议和反馈，也为学生提供了切实可行的指导，帮助他们在创业道路上少走弯路，增强信心和决心。这样的设置，不仅丰富了沙龙的内容，也提升了活动的专业性和吸引力。

创业沙龙的成果反馈环节是活动设计中的关键部分。在这个环节中，参与者能够获得来自专家和同行的意见，这对于创业计划的优化和完善具有重要意义。通过反馈，学生可以识别自己计划中的不足，并在此基础上进行调整和改进。这样的反馈机制，不仅能帮助学生在创业初期阶段规避潜在风险，还能促使他们在实践中不断反思和进步。这种动态的学习过程，有助于提升学生的创业能力和实战水平。

### （三）项目路演

项目路演作为创新创业教育中的重要环节，旨在通过清晰的项目展示吸引投资者和合作伙伴的关注。项目路演的目标设定至关重要，它需要明确阐述项目的核心价值和市场定位。这不仅有助于项目团队在路演过程中突出自身优势，还能帮助投资者快速理解项目的独特性和潜在的市场价值。通过精准的目标设定，项目路演能够有效地激发观众的兴趣和关注点，促使他们在短时间内对项目产生浓厚的兴趣，进而为项目的后续发展奠定基础。

项目路演的成功离不开合理的结构设计。在通常情况下，项目路演应包括几个关键环节：项目介绍、市场分析、商业模式、团队背景及财务预测。每个环节都需要系统性和逻辑性地传达信息，以确保观众能够全面了解项目的各个方面。项目介绍部分应简明扼要地概述项目的基本信息；市场分析则需深入探讨目标市场的现状和潜力；商业模式的阐述应突出项目的盈利机制和竞争优势；团队背景介绍需要展示团队成员的专业能力和经验；财务预测则为观众提供项目的经济前景和投资回报预期。这种结构化的设计不仅有助于信息的有效传递，也为项目团队提供了一个清晰的展示框架。

互动环节的设计在项目路演中同样不可或缺。通过鼓励观众提问和反馈，项目团队能够更好地理解市场需求和潜在问题。这种互动不仅增强了路演的参与感和互动性，还为团队提供了宝贵的市场反馈和改进建议。在互动过程中，项目团队应积极倾听观众的意见，并适时地回应和调整自己的展示策略。通过这种双向交流，项目团队不仅能够更深入地了解市场动态，还能在实践中不断完善和优化自己的项目。

为了提升项目路演的效果，提供专业的路演培训是必要的。通过培训，学生可以掌握有效的演讲技巧和表现方法，增强自信心和表达能力。培训内容通常包括如何制作吸引人的演示文稿、如何在有限的时间内清晰地传达项目信息，以及如何应对观众的提问等。通过系统的培训，学生能够在路演中更加从容地展示项目，增强说服力和感染力，从而提高项目成功吸引投资的可能性。

## 三、学生参与竞赛与活动的激励措施

### （一）奖励制度设计

奖励制度设计是激励高职大学生参与创新创业竞赛与活动的重要手段。设立创新创业竞赛的奖金制度，可以根据项目的创新性、可行性和市场潜力给予不同等级的奖金。这不仅能够激励学生积极参与，还能促使他们展示自己的才华，进而提升整体的创新水平。奖金制度的合理设计，能够有效地激发学生的参与热情，使其在竞赛中发挥出最佳的水平。

为了进一步鼓励学生在创新创业竞赛与活动中投入更多精力，可以提供学分奖励。这种激励措施不仅能够帮助学生在学业和实践中取得平衡，还能提升他们对创新创业教育的重视程度。学分奖励机制的引入，可以使学生在参与竞赛的过程中，同时获得学术上的认可，从而在一定程度上缓解学业压力。

同时，设立优秀团队和个人的表彰机制，通过颁发证书和奖杯等形式，能够增强学生的荣誉感和成就感。这种形式的奖励，不仅能够激励学生持续参与创新创业活动，还能在校园内营造出良好的创新创业氛围。表彰机制的实施，能够让学生感受自己努力的价值，从而激励更多的学生参与到创新创业活动中来。

此外，引入企业实习机会作为奖励是一种能够提升学生职业技能和市场竞争力的有效措施。优胜团队可以获得与企业合作的实习机会，这不仅能够让学生在实际工作中锻炼自己的能力，还能为他们未来的职业发展打下坚实的基础。通过实习，学生能够更好地理解市场需求，提升自身的创新能力和实践水平。

### （二）学分认可机制

学分认可机制在高职教育中扮演着重要角色，尤其在激励学生参与创新创业活动方面。

#### 1. 建立明确的学分认定标准

通过建立明确的学分认定标准，确保学生在参与创新创业活动时能够获得相应的学分，从而激励他们的积极性。这样的机制不仅能鼓励学生积极参与，还能有效地将创新创业活动纳入学术体系，使其成为学生教育的重要组成部分。学分的认可不仅是对学生付出的肯定，更是对其未来职业发展的有力支持。

#### 2. 设立创新创业课程

通过允许学生在参与竞赛和活动中获得学分，促进了理论与实践的有机结合。这些课程不仅提供了理论知识，还为学生提供了实践机会，使他们能够在实际操作中验证和应用所学知识。通过这种方式，学生不仅能够提升自己的专业技能，还能增强其解决实际问题的能力，为未来的职业发展奠定坚实基础。

3. 制定学分转化机制

制定学分转化机制，将参与创新创业活动的经验和成果有效转化为学分，是学分认可机制的核心。通过这种机制，学生能够将他们在活动中获得的实际经验与学术成绩相结合，增强了学业与实践的联系。这种转化机制不仅提升了学生的学习动力，还能帮助他们更好地理解和掌握所学知识，进而提高整体教育质量。

4. 引入导师评估制度

引入导师评估制度是确保学分授予公正性与透明度的关键措施。通过由指导教师对学生在活动中的表现进行评估，能够确保学分的授予过程公开、公正。这种评估制度不仅能激励学生在活动中表现出色，还能为他们提供有价值的反馈，帮助他们不断改进和提升自身能力。同时，这也为教师提供了一个与学生深入交流的平台，促进师生之间的互动与合作。

## 四、创新创业竞赛与活动的安全保障

### （一）安全风险评估

安全风险评估作为其中的核心步骤，首先需要对创新创业活动中可能存在的财务风险进行全面评估，包括预算超支、资金流动不畅等问题。通过合理的财务规划和监控，确保项目的可持续性和资金的有效使用，避免因财务问题导致活动中断或影响参与者的积极性。同时，识别参与者在活动中的安全隐患也是风险评估的重要内容。活动组织者需要考虑设备使用不当、场地安全等因素，制定相应的安全预案和应急措施，以保障所有参与者的安全。

在法律风险方面，分析项目实施过程中可能遇到的问题，如知识产权、合同纠纷等，是保护参与者和组织方合法权益的关键。通过法律咨询和合同审查，确保活动在法律框架内进行，减少因法律问题导致的风险。同时，活动的环保影响也是评估的重点之一。确保活动在实施过程中遵循环保法规，减少对生态的负面影响，是组织者应尽的责任。这不仅体现了对社会的责任感，也有助于提升活动的社会形象和参与者的环保意识。

此外，建立参与者心理健康的评估机制是全面风险评估的必要补充。高职大学生在参与竞赛和活动过程中，可能面临较大的心理压力，因此提供必要的心理支持和辅导显得尤为重要。通过心理健康评估，及时发现和解决学生的心理问题，帮助他们以更好的状态参与活动。这不仅有助于提升活动的质量和学生的参与体验，也为未来的创新创业教育实践提供了有益的借鉴和参考。综合以上措施，安全风险评估为创新创业竞赛与活动的顺利开展提供了坚实保障。

### （二）安全责任分工

在高职大学生创新创业竞赛与活动中，安全责任分工是确保活动顺利进行的关键因素。

1. 在活动筹备阶段进行全面的风险评估

这包括识别可能的安全隐患，评估其对活动的潜在影响，并制定相应的安全措施，以降低风险。通过这种方式，活动组织者不仅能保障参与者的安全，还能为活动的顺利开展奠定坚实基础。此外，活动组织者还需确保所有安全措施的落实，从而有效地防范事故的发生。

2. 设立专门的安全监督员

安全监督员的职责是全程监控活动的安全状况，及时发现并处理潜在的安全隐患。他们须具备专业的安全知识和应急处理能力，以便在紧急情况下能够迅速作出正确的判断和反应。同时，安全监督员应与活动组织者保持密切沟通，确保在活动期间每个环节都能得到妥善的安全保障。通过这种方式，能够有效地减少安全事故的发生，提高活动的整体安全水平。

3. 制定参与者的安全责任清单

清单应详细列明参与者在活动中应遵循的安全规范和注意事项，确保他们在活动过程中能够自觉遵守安全规定。此外，活动组织者应在活动开始前进行安全培训，帮助参与者掌握必要的安全知识和技能，以便在紧急情况下能够自救和互救。通过这种方式，能够增强参与者的安全意识，提高活动的安全性和参与者的安全保障。

4. 建立安全信息反馈机制

活动组织者应设立畅通的信息反馈渠道，鼓励参与者积极报告他们在活动中发现的安全问题，并及时采取措施予以处理和改进。通过这种开放的沟通机制，能够有效地识别和消除潜在的安全隐患，提高活动的整体安全水平。同时，活动组织者应对参与者的反馈给予足够的重视，并将其作为改进安全措施的重要依据。

5. 明确事故处理小组的组成

事故处理小组应由具备专业知识和技能的人员组成，确保他们能够在紧急情况下快速响应并有效处理安全事故。活动组织者应定期组织事故处理小组进行应急演练，提高其应对突发事件的能力和协作水平。通过这种方式，能够最大限度地降低安全事故对活动的影响，保障参与者的生命安全和活动的顺利进行。

### （三）应急预案制定

在高职院校的创新创业教育中，竞赛与活动的安全保障措施是确保学生在参与过程中能够安全、顺利进行的重要环节。应急预案的制定是这一环节的核心内容之一。在制定应急预案时，首先需要详细规划安全应急响应流程，以确保在活动过程中出现突发事件时，参与者能够迅速地采取有效措施进行处理。这一流程的建立需要综合考虑活动的具体环境、可能存在的风险因素以及参与者的构成等多方面因素，确保其具有可操作性和高效性。

为了支持应急预案的有效实施，建立专门的安全管理团队是必不可少的。该团队的职责包括活动期间的安全监控与风险评估，确保活动全过程的安全保障。团队成员应具备专业的安全管理知识和丰富的实践经验，能够在活动中准确识别潜在风险，并采取适当的预防措施。同时，团队还需要定期进行安全演练，以提高其在紧急情况下的反应速度和处理能力。

参与者的安全意识和应对能力是活动安全保障的重要组成部分。因此，制订参与者安全培训计划显得尤为重要。通过系统的培训，学生可以掌握基本的安全知识和应对技能，提高在活动中处理突发事件的能力。这不仅有助于保障个人安全，也能够在紧急情况下协助他人，形成良好的安全氛围。培训内容应包括常见安全隐患识别、基本急救技能、应急疏散程序等，确保学生在面对不同风险时能够从容应对。

此外，设立应急物资储备是应急预案中不可忽视的一环。应急物资包括急救包、消防器材等，确保在紧急情况下能够及时提供必要的支持与救助。这些应急物资的储备应根据活动的规模和性质进行合理配置，并定期检查其有效性和完好性。相关人员应熟悉应急物资的存放位置和使用方法，以便在需要时能够迅速取用，最大限度地减少事故带来的损害。

# 第三节　孵化基地与创业园运营模式

## 一、创新创业孵化基地的功能定位与空间布局

### （一）功能定位分析

创新创业孵化基地在高职教育中扮演着重要的角色，其功能定位直接影响着孵化基地的运作效果和学生的创业成果。

首先，孵化基地应提供多功能的办公空间，这不仅包括传统的办公区域，还应包含会议室、休闲区和创意空间等，以支持创业团队的日常运营和项目开发。这种多功能空间设计能够促进团队内部的协作与沟通，同时也为不同团队之间的资源共享创造条件。

其次，孵化基地必须设立专业的创业辅导和培训服务。这些服务可以通过邀请行业专家举办讲座、组织创业沙龙和提供一对一的创业咨询等方式进行，以帮助学生提高商业技能和项目管理能力，从而提高他们的创业成功率。

再次，建立完善的网络和资源对接平台也是孵化基地的重要职责之一。通过这个平台，创业者可以与投资者、行业专家及相关机构建立联系，促进信息流通和资源获取，进而提高创业项目的可行性和市场竞争力。

最后，孵化基地应注重营造创新氛围。通过定期举办各类创业活动和交流会议，不仅可以激发学生的创新思维和实践热情，还能为他们提供展示和交流的平台，进一步推动创新创业文化的形成。

### （二）空间布局设计

在高职大学生创新创业教育的实践中，创新创业孵化基地的空间布局设计是至关重要的一环。合理的空间布局不仅能提升孵化基地的功能性，还能为学生的创新创业活动提供良好的环境支持。孵化基地应设立灵活的办公区域，以满足不同创业团队的需求。开放式办公区、独立办公室和会议室等多种空间选

择，能够为不同规模和性质的创业项目提供适宜的工作环境。这种灵活性使创业团队能够根据项目的发展阶段和具体需求，选择最合适的办公形式，从而提高工作效率和团队协作能力。

设计专门的创客空间也是空间布局设计中的关键部分。创客空间应配备先进的设备和工具，以支持学生进行原型制作和产品开发。这些设备和工具的提供，不仅可以降低学生在创业初期的成本投入，还能鼓励他们在实践中不断创新。创客空间的存在，使学生能够在一个开放、自由的环境中，将理论知识转化为实际产品，进而提高他们的动手能力和创新意识。同时，这也为学生提供了一个展示和验证自己创意的平台，增强他们的创业信心。

在孵化基地的空间布局中，共享区域的建立同样不可或缺。共享区域，包括休闲区和讨论区等，旨在促进创业团队之间的交流与合作。通过这些共享空间，学生可以在轻松的环境中进行头脑风暴，分享经验，甚至跨团队合作。这种社交互动的机会，不仅能增强学生之间的联系，还能促进资源的共享和互补，从而形成一个良性互动的创业生态圈。共享区域的存在，使孵化基地不仅是一个工作的场所，更是一个孕育创新和合作的社区。

此外，多功能活动室的设置为孵化基地增添了更多的活力。多功能活动室可用于举办各类培训、讲座和创业活动，为学生提供丰富的学习和交流机会。这些活动不仅可以拓宽学生的视野，提升他们的创业技能，还能激发他们的创新思维与实践热情。在良好的学习氛围中，学生能够更好地接触最新的创业理念和技术，从而不断提升自己的创新能力和创业素养。通过多功能活动室的合理利用，孵化基地能够为高职大学生提供一个全面发展的创新创业实践平台。

## 二、创业园区的管理机制与服务体系

### （一）管理机制优化

管理机制优化是创业园区有效运作的核心，其中，建立创业园区的管理委员会至关重要。该委员会不仅负责制定园区的发展战略，还需制定详细的管理规章，以确保各项工作能够有序推进。这一机制的建立，有助于明确园区的发展方向，协调各方资源，实现资源的最优配置。管理委员会的存在，使园区的管理更加系统化、制度化，为创业团队提供了一个稳定和可预期的发展环境，从而吸引更多的创业者入驻。

在管理机制中，实施定期的绩效评估机制是不可或缺的一环。通过对创业团队的进展和成果进行评估，园区管理者能够及时地掌握各团队的发展动态。这不仅有助于及时调整支持政策，还能优化资源配置，确保资源的高效利用。绩效评估机制的实施，不仅是对创业团队的一种监督和激励，更是对园区管理水平的一种提升。通过这一机制，园区能够快速地响应市场变化，为创业者提供更加精准的支持和服务。

建立创业园区的资源对接平台，能够有效地促进创业者与投资者、行业专家之间的交流与合作。这一平台的建设，旨在打破信息壁垒，提高资源利用效率。通过资源对接平台，创业者可以获得来自投资者的资金支持，以及来自行业专家的专业指导。这种多方的互动与合作，不仅能够提高创业项目的成功率，还能为园区积累丰富的资源和经验，为未来的发展提供有力支持。

推行创新创业活动的反馈机制，是管理机制优化的重要组成部分。通过该机制，园区能够收集参与者的意见和建议，从而对管理和服务体系进行持续优化。反馈机制的存在，使园区的管理更加具有灵活性和适应性。通过不断地接受和采纳参与者的反馈意见，园区能够不断提升自身的服务水平，满足创业者的多样化需求，增强园区的竞争力和吸引力。

### （二）服务体系构建

服务体系构建是创业园区管理的重要组成部分，旨在为高职大学生提供全面、系统的创业支持。一个完善的服务体系不仅能提高学生的创业成功率，还能有效促进整个创业园区的活力和创新氛围。服务体系的构建需要从多个方面入手，确保能够满足学生在创业过程中遇到的各种需求。

#### 1. 建立创业咨询服务

通过提供专业的创业指导和建议，帮助学生识别市场机会，制订切实可行的商业计划。创业咨询服务可以通过邀请经验丰富的创业导师、行业专家以及企业家来提供一对一的咨询，帮助学生在创业初期规避常见的风险和挑战。这种个性化的指导不仅能提高学生的创业能力，还能增强他们的信心，使他们在创业道路上走得更稳健。

#### 2. 设立创业资源库

资源库的建立旨在为学生提供丰富的行业信息、市场数据、法律法规及融资渠道等资源，帮助他们在创业过程中作出明智的决策。资源库需要定期更新，以确保信息的时效性和准确性。通过资源库，学生可以方便快捷地获取所需的创业信息和支持，从而在激烈的市场竞争中占据优势。此外，创业资源库还可以作为一个交流和分享的平台，促进学生之间的信息互通。

3. 开展定期的创业培训与工作坊

这些活动通过邀请成功创业者和行业专家分享他们的创业经验和实战技巧，帮助学生提升创业技能。创业培训和工作坊可以涵盖创业的各个方面，如市场营销、财务管理、团队建设等，以全方位提升学生的创业能力。通过这些活动，学生不仅能学到宝贵的知识，还能扩大人脉，找到志同道合的创业伙伴。

4. 建立创业团队的对接机制

通过促进团队之间的合作与交流，鼓励资源共享和经验互助，可以有效地提升整体创业氛围。对接机制可以通过定期的团队交流会、创业项目展示等形式实现，帮助学生在实际创业中找到合适的合作伙伴，形成优势互补的团队。同时，这种机制也有助于在园区内形成良好的创业生态，推动更多的创新项目落地。

## 三、创新创业项目的筛选与孵化流程

### （一）项目筛选标准

在高职大学生创新创业教育中，项目筛选标准是确保孵化基地和创业园能够成功运作的关键环节。

1. 创新性

项目的创新性评估是筛选过程中的重要组成部分。创新性不仅是指项目是否具有独特的创意，更强调其新颖的解决方案能否满足市场需求或解决实际问题。这一标准要求项目在概念和执行上都要具备突破性，能够在现有市场中找到自己的定位并提供新的价值。此外，项目的创新性还需考量其技术创新、商业模式创新等多个维度，以确保其具备足够的竞争力和吸引力。

2. 市场可行性

项目的市场可行性分析是筛选过程中不可或缺的一环。通过对项目在目标市场中的潜在需求、竞争状况及商业模式的可持续性进行评估，可以判断项目是否具有长远发展的潜力。市场可行性分析不仅关注当前市场的容量和增长潜力，还要评估项目在市场中的独特优势和可能面临的挑战。这一分析需要结合市场调研、数据分析等方法，以确保项目能够在激烈的市场竞争中立足并实现盈利。

3. 专业能力与合作精神

团队的专业能力与合作精神是项目筛选的核心标准之一。高职大学生在创新创业过程中，团队成员的专业背景与技能直接影响着项目的实施效果。一个优秀的团队不仅需要具备专业的技术能力，还要有良好的合作精神和沟通能力，以实现高效的团队协作。团队成员之间的互补性和协作能力是项目能否成功的重要因素，因而在项目筛选时需特别关注团队的建设和管理。

4. 社会价值与影响力

项目的社会价值与影响力是筛选标准中不可忽视的部分。评估项目对社会、环境及社区的积极贡献，是确保其在推动社会责任方面的潜力。项目不仅要追求经济利益，还需考虑其对社会的长远影响。一个具有高社会价值的项目，能够在推动社会进步、改善环境、促进社区发展的同时，实现自身的商业目标。因此，项目的社会价值评估需要综合考虑其对可持续发展的贡献和对社会问题的解决能力。

### （二）孵化流程设计

孵化流程设计不仅需要考虑项目的具体需求，还需兼顾整个孵化过程的系统性和科学性。首先，建立一个有效的项目申请与评估机制是孵化流程设计的基础。通过严格的审核程序，确保所有创业项目在进入孵化流程之前都经过全面的评估。不仅包括项目的创新性，还涵盖市场潜力和团队能力的评估。这种机制可以有效筛选出具有较高成功潜力的项目，避免资源的浪费，提高孵化基地的整体运营效率。

在孵化流程中，制订一个详细的项目孵化计划至关重要。这一计划应明确项目的阶段性目标和实施路径，为创业团队提供系统的指导和支持。在计划的制订过程中，需要结合项目的实际情况，设定合理的时间节点和阶段性目标，以确保项目的有序推进。通过提供系统化的指导，创业团队能够更好地理解市场需求，优化产品或服务设计，提高市场竞争力。这样的孵化计划不仅能帮助项目在早期阶段奠定坚实的基础，还能在后续发展中提供持续的支持和指导。

定期的项目评估与反馈机制是孵化流程中不可或缺的组成部分。通过定期检查项目的进展情况，收集创业团队的反馈意见，孵化基地可以及时调整孵化策略，以适应市场的变化。这一过程不仅能帮助创业团队识别项目发展中的问题，还能为他们提供及时的解决方案。通过这样的动态调整，确保项目始终沿着正确的方向发展，最大限度地降低失败的风险，提高项目的成功率。

此外，建立资源对接与支持体系是孵化流程设计的重要环节。高职院校应充分整合校内外资源，为创业项目提供资金、技术、市场和人脉等多方面的支持。这种资源支持不仅可以帮助创业团队解决初期的资金和技术难题，还能为其提供进入市场和建立网络的机会。通过与外部资源的有效对接，创业项目能更好地融入市场环境，提高竞争力和成功率。这种全方位的支持体系是高职大学生创新创业项目得以成功孵化的关键因素。

## 四、创业导师与专业服务团队的建设

### （一）导师团队组建

一个优秀的导师团队需要在专业背景和领域具有广泛的覆盖，以确保学生在多样化的创业项目中都能获得专业指导。导师的行业经验和相关知识是其指导学生的基础，丰富的实践经验能够帮助导师在指导过程中提供切实可行的建议和解决方案。为了实现这一目标，首先需要明确导师的专业背景与领域，确保每位导师在其专业领域具有一定的权威性和影响力。这不仅有助于提高学生的学习效果，也能提高创业项目的成功率。

建立导师与学生之间的定期交流机制是导师团队组建中的另一重要环节。通过定期的交流，导师能够及时了解学生项目的进展情况，并根据项目的发展阶段提供有针对性的反馈和建议。这样的交流机制不仅有助于学生在创业过程中获得持续的支持和指导，也能增强导师与学生之间的信任关系。这种机制可以通过定期的面对面会议、在线交流平台或者工作坊等形式来实现，以确保交流的高效性和实效性。

为了提升导师的指导能力和教学技巧，制订系统的导师培训计划是必不可少的。培训计划应包括创新创业教育的最新理论、教学方法的更新以及行业发展的最新动态等内容。通过持续的培训，导师能够不断地更新自身的知识储备和教学技能，从而更好地支持学生的创新创业发展。此外，培训计划还应注重导师之间的经验交流与分享，以促进导师团队整体能力的提高。

建立导师评估机制是导师团队建设的重要组成部分。评估机制的目的在于通过收集学生对导师指导效果的反馈，优化导师团队的组成和指导方式。定期的评估不仅能够帮助识别出优秀的导师和需要改进的指导方式，也能为导师提供改进教学能力的方向和建议。评估机制应涵盖学生对导师的满意度、导师对学生项目的贡献度以及学生在导师指导下的成长等多个维度，以确保评估的全面性和客观性。通过这样的机制，能够不断优化导师团队的整体水平，为高职大学生的创新创业教育提供更为有力的支持。

### （二）服务团队配置

在高职大学生创新创业教育实践中，服务团队的配置是创业孵化基地与创业园运营模式的重要组成部分。服务团队不仅要具备专业性，还需多元化，以满足学生在创业过程中多方面的需求。通过建立多学科的专业服务团队，可以整合不同领域的专家资源，为学生提供全面的创业指导和支持。这种多学科团队的建设能够有效弥补单一学科指导的不足，提供更为全面的视角和解决方案，从而提高学生的创业成功率。

市场调研与分析团队的设立是为了协助学生进行市场需求分析和竞争对手研究。市场调研是创业项目成功的关键因素之一，通过专业的市场分析，学生可以更准确地了解目标市场的需求和动态，从而调整和优化产品或服务的市场定位。竞争对手研究则帮助学生了解市场上的主要竞争者及其策略，找出自身项目的独特卖点和竞争优势。这些分析和研究为学生的创业项目提供了科学的市场依据和战略支持。

创业不仅是对商业能力的考验，也是对心理素质的挑战。因此，组建心理辅导与支持团队，为创业者提供心理健康支持，显得尤为必要。在创业过程中，学生常常面临巨大的压力和挑战，心理辅导团队可以通过专业的心理咨询和辅导，帮助学生建立积极的心理状态和应对策略。这不仅有助于学生在创业过程中保持良好的心理健康状态，也提升了他们应对挫折和挑战的能力，从而提高创业的可持续性和成功率。

# 第四节 校企合作与产业项目对接

## 一、校企合作模式的多样化探索

### （一）合作模式创新

在高职教育中，创新校企合作模式是提升学生职业技能和市场适应能力的关键。建立校企联合开发课程机制是其中的重要一环，通过结合企业的实际需求来设计课程内容，不仅能够使学生在学习过程中获得更贴合市场的技能，还能让企业在人才培养中发挥更直接的作用。这种合作模式的创新，要求高职院校与企业共同参与课程的开发与实施，确保课程内容的实用性和前瞻性，从而为学生提供更具竞争力的教育资源。

实施双导师制是一种有效的合作模式创新。这一模式邀请校内教师与企业专业人士共同指导学生项目，能够有效地促进理论与实践相结合。校内教师提供扎实的理论基础，而企业专业人士则带来行业最新的实践经验和视角，两者相辅相成，帮助学生在项目开发过程中获得全面的指导。这种模式不仅提高了学生的实践能力，也增强了他们对行业动态的了解，为其未来的职业发展奠定了坚实的基础。

校企合作创新实验室的设立，为学生提供了实践场所和设备支持，是合作模式创新中的重要组成部分。这些实验室通过模拟真实的工作环境，鼓励学生进行项目开发与测试，提升其动手能力和创新意识。在实验室中，学生可以接触最新的技术设备和行业标准，获得在课堂上难以体验的实践经验。这种沉浸式的学习环境，不仅激发了学生的创新潜力，也为企业输送了更具实践能力的人才。

同时，设立企业实习与就业推荐机制，是提升学生职场竞争力的重要手段。通过这一机制，学生能够获得宝贵的实习机会，并在企业中实际应用所学知识，进一步提升自身的职业素养。同时，学校与企业携手为学生提供就业指导和推荐服务，帮助他们更好地融入职场。这种机制的建立，不仅为学生提供了进入职场的桥梁，也为企业提供了吸纳优秀毕业生的渠道，形成了双赢的局面。

### （二）合作领域拓展

在高职教育中，拓展校企合作领域是提升学生创新创业能力的重要途径。

1. 与地方产业园区建立深度合作关系

通过与地方产业园区建立深度合作关系，高职院校能够为学生提供丰富的实践平台和项目孵化机会。这种产学结合的模式不仅能让学生在真实的产业环境中锻炼技能，还能促进地方经济的发展。校企合作的深化需要各方共同努力，特别是在资源共享和利益分配上达成共识，以实现合作的可持续性。

2. 开展校企联合研发项目

通过鼓励学生参与企业的技术创新与产品开发，高职院校可以有效地提升学生的实际操作能力。这种合作模式不仅能为企业带来新的创新思路，还能为学生提供宝贵的实践经验。在联合研发中，企业可以提供真实的项目案例，而学校则可以发挥其在理论研究和人才培养方面的优势，形成互补关系。

3. 拓展与行业协会的合作

通过组织行业研讨会和职业发展活动，学生可以更好地了解行业动态和发展路径。这种合作形式不仅能帮助学生拓宽视野，还能为他们提供与业内专家交流的机会，从而增强其职业规划能力和行业适应性。

4. 引入企业资源参与课程设计

通过引入企业资源参与课程设计，学校可以提升学生的职业素养和市场竞争力。企业在课程设计中可以提供最新的行业标准和技术需求，而学校则可以根据企业的反馈不断调整课程内容，以确保学生所学与市场需求相符。这种合作形式不仅能提高教学质量，还能增强学生的就业竞争力。

## 二、企业需求与学校教育的对接

### （一）需求调研与分析

企业对高职大学生的创新创业能力有着具体需求，这些需求涵盖了多方面的技能、知识和素质。通过深入的调研，我们可以了解到企业对于学生在创新项目中所需的实际能力，包括技术技能、解决问题能力和创新思维等。在调研过程中，问卷调查和访谈是两种主要的收集信息的方法。通过这些方法，我们能够获得企业对当前高职教育课程设置的反馈，进而评估课程与实际工作需求之间的差距。这种评估不仅能帮助学校了解课程的不足之处，还能为课程的改进提供基础数据支持。

企业对高职大学生的需求因行业而异，因此在分析过程中，需要关注不同行业对学生创新思维和实践能力的不同要求。这种分析有助于学校根据行业特点调整教育方向，使课程内容更具有针对性和实用性。例如，技术行业可能更注重学生的编程能力和技术创新，而服务行业则可能更看重学生的沟通能力和客户服务技能。通过对这些需求的深入分析，学校可以更好地设计课程，使毕业生在进入职场时能够更好地满足企业的期望。

在企业招聘高职毕业生时，实习经历、项目管理能力等关键指标往往是企业关注的重点。这些指标不仅反映了学生在校期间的实践经验，也体现了他们在实际工作环境中的适应能力。因此，教育内容的优化需要以这些关键指标为导向。通过加强实习环节和项目管理课程的设置，学校可以帮助学生积累更多的实践经验，提高他们的就业竞争力。此外，学校还可以通过与企业合作开发真实项目，增强学生在项目管理中的实际操作能力。

企业在创新项目中对学生参与的期望不仅包括技术能力，还包括团队协作、沟通能力和市场敏感度等方面的要求。为了满足企业的这些期望，学校可以在课程中增加团队项目和市场分析的内容，培养学生的团队合作精神和市场洞察力。通过模拟真实的工作环境，学生可以在校期间就开始锻炼这些软技能，为未来的职业发展打下坚实基础。同时，学校还可以邀请企业专家参与课程设计和教学，确保课程内容与企业需求的无缝对接。这种校企合作模式不仅提高了教育的针对性，也为学生提供了更多的学习和成长机会。

### （二）教育内容调整

在高职教育中，教育内容的调整是实现校企合作与产业项目对接的重要环节。根据企业需求调整课程设置，学校能够确保课程内容与行业标准和市场趋势相匹配。这种调整不仅提升了学生的职业技能，还增强了他们的市场适应能力，使他们在毕业后能够迅速地融入职场。课程设置的调整需要深入分析当前行业的动态变化，了解企业在人才需求上的具体要求。通过这种方式，学校能够为学生提供更具有针对性的教育内容，帮助他们在就业市场上具备更强的竞争力。

1. 引入跨学科的学习模式

跨学科的学习模式能够促进不同专业学生之间的合作与交流，从而培养他们的综合性创新能力。在现代社会，单一学科的知识已无法满足复杂问题的解决需求，因此，跨学科的学习能够帮助学生拓宽视野，提升其创新思维能力。通过跨学科的合作，学生能够在实践中学习如何将不同领域的知识进行整合与应用，从而在未来的职业生涯中具备更强的创新能力和适应能力。

2. 加强创业相关知识的教学

通过加强商业计划书撰写、市场分析、融资技巧等方面的教学，学校能够提高学生的创业素养。这些知识和技能对于有志于创业的学生来说是必不可少的，它们不仅帮助学生在创业初期做好充分的准备，还能在创业过程中提供持续的支持。通过系统的创业教育，学生能够更好地理解创业过程中的各种挑战，并学会如何有效地应对这些挑战，从而提高创业成功的概率。

3. 定期邀请行业专家参与课程设计与授课

行业专家的参与能够为课程带来最新的行业动态和实践经验，使课程内容更加具有实用性和前瞻性。通过与行业专家的互动，学生能够直接接触行业内的前沿知识和技能，了解当前行业的发展趋势和挑战。这种实践导向的教学方式不仅提升了学生的学习兴趣，还增强了他们的实践能力和职业素养，为他们的职业发展奠定了坚实的基础。

### （三）双向沟通机制

在高职大学生创新创业教育的实践中，建立有效的双向沟通机制是实现校企合作与产业项目对接的关键。双向沟通机制不仅能够促进学校与企业之间的信息交流，还能确保合作项目的顺利进行。通过定期的校企交流机制，学校可以及时了解企业的最新需求和行业发展趋势，从而调整教育策略，提升学生的就业竞争力。企业也能通过这种机制，获得关于学生学习进展和能力发展的反馈，确保其对未来员工的期望与实际培养结果相符。

为了使企业需求更直接地反映在教育内容中，设立企业代表参与学校课程设计的制度显得尤为重要。这一制度不仅可以使课程内容更加贴合市场需求，还能增强课程的实用性和针对性。企业代表参与课程设计，能够为学校提供行业内的最新技术和实践经验，帮助学生在校期间就能接触真实的工作场景和解决问题方法，缩短从校园到职场的适应期。

校企联合研讨会是促进教育与市场需求深度融合的有效途径。在这样的研讨会上，企业领导与学校教师可以共同探讨行业动态及人才培养方向。这种跨界交流能够促使教师更好地理解市场需求，进而调整教学内容和方法。同时，企业也能通过与教师的对话，了解教育体系的运作和学生的学习能力，为未来的人才招聘做好准备。

同时，学生反馈渠道的建立不可或缺。通过鼓励学生分享在企业实习和项目合作中的经验，学校能够及时获取关于教学效果和学生实践能力的真实反馈。这些反馈不仅有助于教学内容的调整，也能为企业提供关于学生实际工作表现的信息，帮助企业更好地评估学生的潜力和发展方向。

此外，利用数字化平台实现信息共享，为校企之间的沟通提供了更为便捷的方式。在线沟通和资源对接的便捷性，不仅提高了合作效率，还增强了互动性。这种数字化的沟通方式，能够打破时间和空间的限制，使校企合作更具灵活性和持续性。在信息技术飞速发展的今天，数字化平台的运用无疑为校企合作注入了新的活力和动力。

## 三、产业项目的引进与转化

### （一）项目筛选标准

在高职院校创新创业教育的实践中，项目筛选标准的制定至关重要。项目筛选的首要标准是与教育目标的契合性。高职院校的创新创业教育旨在培养学生的实践能力和创新思维，因此，引入的产业项目必须能够有效地促进这些教育目标的实现。项目内容应具有一定的技术含量和创新性，能够激发学生的学习兴趣和创造力。

此外，项目还需具备可操作性，即在现有的教学条件下能够顺利开展，避免因资源不足或技术难度过高而导致项目无法进行。项目的经济效益和社会效益也是筛选时需要重点考虑的因素，优先选择那些能够为学校和学生带来实际收益，并对社会发展产生积极影响的项目。通过精心筛选合适的产业项目，高职院校能够更好地将理论教育与实践操作相结合，提高学生的综合素质和就业竞争力。

### （二）项目实施流程

项目启动阶段是整个流程的基石，明确项目目标和预期成果是确保项目成功的关键。详细的实施计划和时间表的制订，不仅能有效地指导项目的各项任务有序进行，还能为项目团队提供清晰的行动指南。在这一阶段，项目管理者需要与各利益相关者进行充分沟通，确保项目目标与各方期望一致，并在此基础上制订切实可行的计划，确保项目的顺利启动。

组建项目团队是项目实施流程中的核心环节，团队成员的专业特长和角色分配直接影响着项目的推进效率。明确团队成员的角色与职责，不仅有助于提高团队的协作效率，还能激发每个成员的潜能，为项目的成功提供坚实的保障。在团队建设过程中，管理者应注重团队成员之间的沟通和协调，建立良好的团队文化，促进成员之间的信任与合作，确保团队在项目实施中发挥最大效能。

实施市场调研是项目实施流程中不可或缺的一步。通过收集相关数据和信息，分析市场需求和竞争环境，项目团队可以为项目的定位和策略制定提供科学依据。市场调研的结果不仅影响项目的方向和决策，还能为项目的创新性和竞争力提供支持。在调研过程中，项目团队需要保持敏锐的市场洞察力，及时调整调研策略，以确保获取的信息具有时效性和准确性，为项目的成功实施奠定基础。

定期召开项目进展会议是确保项目按计划推进的重要措施。通过评估项目实施情况，项目团队可以及时识别和解决问题，确保项目在既定时间内推进。项目进展会议为团队提供了一个交流和反馈的平台，使项目管理者能够实时掌握项目动态，并根据项目的实际进展情况，调整项目计划和策略。在项目进展会议中，团队成员应积极参与讨论，分享各自的见解和建议，共同推动项目的顺利进行。

### （三）项目成果评估

通过系统化的评估，可以全面了解项目的实际效果，并为后续的改进和优化提供科学依据。

1. 项目成果的经济效益评估

通过分析项目的盈利能力、市场份额和投资回报率，可以判断项目的商业可持续性。这不仅有助于项目的长远发展，也为学生提供了真实的市场反馈，增强了他们的商业意识和市场敏感度。经济效益的评估不仅是对项目本身的检验，更是对学生在创业过程中实践能力的锻炼和提升。

2. 项目成果的社会影响评估

通过分析项目对社会、环境和社区的积极贡献，可以确保项目在促进社会责任方面的效果。这一评估维度强调了创新创业教育不仅是经济活动，也是一种社会责任的体现。学生在参与项目的过程中，不仅需要关注其经济效益，更需要考虑其社会效益和环境影响。这种全方位的评估视角，有助于培养学生的社会责任感，使他们在未来的职业生涯中更加关注可持续发展和社会公益。

3. 项目成果的技术创新评估

通过考察项目在技术应用和创新方面的独特性，可以评估其对行业技术进步的推动作用。技术创新是推动产业发展的重要动力，也是高职大学生在创新创业过程中需要重点关注的领域。通过技术创新评估，学生可以了解项目在技术层面的优势和不足，从而在未来的学习和实践中不断提升自己的技术能力和创新思维。这不仅有助于学生个人的发展，也为整个行业的技术进步注入了新的活力。

4. 项目成果的市场反馈评估

通过收集目标用户和市场对项目产品或服务的反馈，可以分析市场接受度和客户满意度。这一评估不仅帮助学生了解市场需求和用户体验，也为项目的后续改进提供了方向。市场反馈评估的结果，可以指导学生在未来的项目中更加精准地定位市场，提升产品或服务的竞争力和吸引力。这种市场导向的评估方式，使高职大学生在创新创业教育中能够更好地适应市场变化和需求。

## 四、校企合作的成果转化与应用

### （一）成果转化路径

通过建立与地方企业的合作机制，教育机构能够有效促进创业项目与实际市场需求的对接。这一机制不仅有助于学生创新成果在真实环境中的应用，还能确保项目的市场适应性和经济价值。通过与企业的密切合作，学生能够获得宝贵的市场反馈，从而不断优化项目，提升其市场竞争力和应用价值。这种合作机制的建立，不仅使学生的创新成果能够在市场中立足，还为地方经济的发展注入新的活力。

搭建项目成果展示平台是推动创新创业项目商业化的重要步骤。定期组织创业路演和成果发布会，为学生提供了一个展示其创新成果的舞台。这些活动不仅吸引了投资者的关注，还吸引了行业专家的参与，为项目的进一步发展提供了宝贵的指导和建议。通过这些展示活动，学生能够与潜在的投资者建立联系，为项目的商业化进程铺平道路。同时，这些活动也为学生提供了一个锻炼和提升自身能力的机会，使他们在实践中不断成长和进步。

实施知识产权保护措施是确保创新成果合法性和市场竞争力的重要手段。为创新项目申请专利和商标，不仅能够提升成果转化的安全性，还能为项目在市场中的竞争力提供强有力的保障。知识产权保护不仅是对创新者权益的保护，也是对创新价值的认可。通过有效的知识产权管理，学生能够在激烈的市场竞争中占据有利地位，确保其创新成果能够在市场中长期稳定地发展。

建立校企联合孵化机制是提高项目成功率和转化效率的重要策略。鼓励企业参与项目的孵化过程，通过提供资金、技术和市场支持，能够大大提高项目的成功率。这种联合孵化机制不仅为学生提供了丰富的资源支持，还为企业带来了新鲜的创新思路和潜在的商业机会。通过校企联合孵化，学生的创新项目不仅能够更快地实现市场化，还能在企业的支持下不断完善和优化。

### （二）成果推广策略

为有效地将校企合作的创新成果转化为实际应用，首先需要建立多渠道的宣传推广机制。通过利用社交媒体、校园网站和行业展会等平台，可以广泛传播创新创业项目的成果与影响。这种多渠道的传播不仅能够提升项目的知名度与吸引力，还能吸引更多的潜在合作伙伴和投资者参与到项目中来，从而形成良性循环，促进项目的可持续发展和壮大。

为了进一步激励参与者积极推广和应用创新成果，制定成果转化的激励政策显得尤为关键。高职院校应为参与项目的学生、教师和合作企业提供相应的奖励。这不仅能够激发他们的参与热情，还能增强他们对项目成果转化的责任感和使命感。通过这种激励机制，能够有效地促进创新成果在更大范围内的推广和应用，从而实现教育与产业的深度融合。

定期举办成果展示活动，如创新创业博览会和路演，是促进成果实际应用与商业化的重要手段。在这些活动中，邀请投资者、行业专家和社会公众参与，不仅能够展示项目的创新成果，还能为其商业化应用提供宝贵的意见和建议。这种直接的互动和交流，有助于打破信息壁垒，推动项目成果更快、更有效地进入市场，实现其商业价值。

与地方政府、行业协会及企业建立战略合作关系，是推动项目成果推广与应用的又一重要策略。通过多方协作，形成支持网络，可以为项目的推广提供更为广泛的资源和渠道。地方政府的政策支持、行业协会的专业指导以及企业的市场经验，都能为创新成果的推广提供强有力的支持，确保项目成果能够在更广泛的范围内得到应用和认可。

此外，开发线上成果展示平台是提升成果可视化和传播效果的有效手段。通过利用数字化工具，可以将项目成果以视频介绍、项目文档和互动体验等形式进行展示。这种线上平台不仅能够突破时间和空间的限制，使更多的人了解和参与项目，还能为项目的推广提供持续的、动态的展示窗口，从而提升项目的传播效果和社会影响力。

# 第四章　高职大学生创新创业教育的师资队伍构建

## 第一节　教师创新创业教育能力要求

### 一、实践教学能力与项目指导技巧

#### （一）实践教学设计要点

实践教学设计要点在于明确教学目标，确保教学活动的有效性和针对性。在设计过程中，教师应深入理解学生在创新创业过程中所需的知识和技能，制定清晰的教学目标，以指导学生的学习方向和实践活动。明确的教学目标不仅能够帮助学生更好地理解课程内容，还能激发他们的学习兴趣和动力，使教学活动更具实效性。此外，明确的目标有助于教师在教学过程中进行有效的指导和调整，确保每一阶段的教学活动能够达到预期的效果。

在实践教学中，评估与反馈机制的建立至关重要。通过有效的评估，教师可以及时了解学生在实践过程中的表现和学习进度。这不仅有助于发现学生在学习中存在的困难和问题，还能为教师提供调整教学策略的依据。反馈机制则为学生提供了一个反思和改进的机会，使他们能够在实践中不断提升自己的能力。通过教师的指导和反馈，学生可以更好地理解自身的优势和不足，明确改进方向，进而在后续的学习和实践中取得更大的进步。

资源整合与校企合作是提升实践教学效果的重要手段。通过整合校内外的教学资源，教师可以为学生提供更加丰富的学习材料和实践机会。而与企业的合作则能够为学生提供真实的创业环境和实践项目，使他们在真实的商业环境中锻炼自己的创新创业能力。校企合作不仅可以增强学生的实践体验，还能帮助他们建立起与行业的联系，为未来的职业发展奠定基础。此外，企业的参与也可以为教学活动提供更多的视角和资源，提升教学的实际效果。

#### （二）项目指导技巧提升

1．明确的目标设定和评估能力

项目目标的设定不仅是项目成功的基础，更是学生在实践中自我反思和调整的依据。教师应帮助学生明确项目的具体目标，并制定科学、合理的评估标准。这些标准不仅要能够衡量项目的进展，还应指导学生在项目实施过程中进行自我反思和调整。通过对项目目标的不断评估，学生能够更好地理解项目的核心价值和发展方向，从而在实践中不断完善和提升自身能力。

2. 团队协作与沟通技巧的培养

教师需要指导学生在项目中进行有效的分工与合作，提升团队成员之间的沟通能力。团队协作不仅是任务的简单分配，更需要团队成员之间的默契与配合。教师应通过实际案例和模拟训练，帮助学生意识到团队协作的重要性，并培养其在团队中沟通与协调的能力。通过这些实践活动，学生能够增强团队的凝聚力与协作效率，进而提高项目的整体质量和成功率。

3. 创业项目计划书的撰写技巧

教师应教授学生如何撰写完整的创业项目计划书，其中包括市场分析、财务预算和风险评估等重要内容。这些内容不仅是项目计划的核心组成部分，也是评估项目可行性和风险的重要依据。通过系统的教学和实践演练，学生能够提升其项目策划能力，为未来的创业实践奠定坚实的基础。教师在指导过程中，应注重理论与实践相结合，帮助学生在真实的市场环境中检验和完善其项目计划书。

4. 实战演练与模拟反馈

通过模拟创业环境进行实战演练，学生能够在接近真实的环境中体验项目运作的全过程。教师应在演练过程中及时给予学生反馈，帮助他们识别问题、调整策略。这种反馈机制不仅可以提高学生对项目实施的成功率，还能帮助他们积累实践经验，提升应对复杂问题的能力。通过不断的实战演练和反馈，学生能够在实践中不断成长，为未来的创业实践积累宝贵的经验和教训。

## 二、教学资源开发与课程设计能力

### （一）教学资源开发策略

教学资源不仅是教师传授知识的载体，也是学生获取信息和技能的重要途径。开发多样化的教学资源能够有效地满足不同学生的学习需求和风格。视频课程、在线学习平台和互动教材等形式的资源，能够为学生提供灵活的学习方式，使他们可以根据自身的节奏和兴趣进行自主学习。这种多样化的资源开发策略，不仅能激发学生的学习兴趣，还能提高他们的学习效率。

为了更好地支持教师和学生在创新创业教育中的学习需求，整合校内外的创新创业资源显得尤为重要。创建资源共享平台可以有效地将学校内部的教育资源与学校外部的社会资源结合起来，形成一个开放的学习生态系统。在这个平台上，教师和学生可以方便地获取所需的学习材料和工具，从而提高教学和学习的效率。这种资源整合策略，不仅能够丰富教学资源的种类和内容，还能促进教师之间的交流与合作，提高整体教学质量。

设计针对不同学科的创新创业课程模块，是提升学生综合素质和应用能力的关键。每个学科都有其独特的知识体系和技能要求，因此在课程设计中，应根据学科特点开发相应的创新创业模块。这些模块不仅要涵盖基本的创新创业知识，还应注重培养学生的实践能力和创新思维。通过多样化的课程内容和灵活的教学方法，学生能够在学习过程中不断提高自身的综合素质和应用能力，为未来的职业发展打下坚实的基础。

### （二）课程设计创新方法

在高职院校的创新创业教育中，课程设计创新方法是提升教学效果的关键。

#### 1. 项目导向教学法

教师可以采用项目导向教学法，将实际创业项目作为课程的核心内容。这种方法不仅能够使学生在真实的商业环境中学习和应用知识，还能培养他们的实践能力和创新思维。在项目导向教学中，学生需要面对真实的商业挑战，这就要求他们运用课堂上学到的理论知识来解决实际问题，从而实现理论与实践的有机结合。这一过程不仅提高了学生的学习兴趣，也为他们提供了一个锻炼团队合作和领导能力的平台。

#### 2. 引入翻转课堂模式

翻转课堂强调学生的自主学习和课堂讨论，通过课前在线学习和课堂上教师引导的互动讨论，学生能够更深入地理解课程内容。这种教学模式不仅提高了课堂的互动性，还增强了学生的参与感和责任感。在翻转课堂中，教师的角色从传统的知识传授者转变为学习的促进者，学生则从被动的知识接受者变为主动的知识探索者。这种转变有助于培养学生的自主学习能力和批判性思维，为他们在未来的创新创业活动中取得成功奠定坚实基础。

3. 引入多元化的评估方式

多元化的评估方式包括同行评审、自我评价和实践成果展示等。同行评审可以促进学生之间的相互学习和交流，自我评价可以帮助学生反思自己的学习过程和成果，而实践成果展示则为学生提供了一个展示自己创新能力的平台。这些多元化的评估方式不仅能够全面评估学生的学习效果，还能激励学生在学习过程中不断追求卓越。此外，这种评估方式也为教师提供了丰富的反馈信息，有助于他们不断改进课程设计和教学方法，以更好地满足学生的学习需求。

## 三、教学评估与反馈能力

### （一）评估方法多样化

传统的单一评估方式往往无法全面地反映学生在创新创业过程中的多方面能力。因此，采用多维度评估框架成为必然选择。这一框架不仅关注学生的创新能力，还注重团队合作能力和项目实施效果。通过这种综合评价，教师能够更准确地把握学生的综合素质，进而提供更有针对性的指导和反馈。此外，多维度评估框架还可以帮助学生了解自身的长处和不足，激发其进一步提升的动力。

1. 同行评审机制

在创新创业项目中，让学生互相评价，不仅可以促进他们的自我反思，还能提升评估的客观性和多样性。在这一过程中，学生通过观察他人的项目，学习不同的思维方式和解决问题的方法。同时，他们在给出评价的过程中，也会更加深入地思考项目的优势和不足。这种双向互动的评估方式，不仅提高了学生的批判性思维能力，还增强了其学习的主动性和积极性。

2. 设计基于项目成果的展示评估

通过要求学生进行项目成果的演示和汇报，不仅可以让他们展示自己的创新成果，还能锻炼其表达能力和自信心。在项目展示中，学生需要将复杂的项目内容以清晰明了的方式呈现给观众，这对其逻辑思维和表达能力都是一种挑战。此外，展示评估还可以为学生提供相互学习和交流的平台，激发他们的创新思维和灵感。这种评估方式，不仅是对学生项目成果的检验，更是对其综合素质的全方位提升。

### （二）反馈机制优化

1. 建立定期反馈机制

通过定期的反馈，教师能够及时获取学生在学习过程中遇到的问题和需求，从而对教学策略进行灵活调整。这种动态的反馈机制不仅有助于教师了解学生的学习进度和困难，还能使教学内容更贴合学生的实际需求，确保教学的针对性和有效性。通过定期的沟通与反馈，教师与学生之间的互动将更加顺畅，学生的学习体验也将得到显著提升。

2. 引入匿名反馈渠道

为了促进教师的自我反思与改进，引入匿名反馈渠道是一个有效措施。这一机制允许学生在不受身份约束的情况下，坦诚表达对课程内容和教学方法的意见和建议。匿名反馈不仅能激发学生的参与热情，还能为教师提供一个真实的视角，帮助他们发现教学中的不足和改进空间。通过匿名反馈，教师可以获得更为全面和真实的学生反馈，从而进行更为深入的自我反思和教学方法的改进，最终提升整体教学质量。

3. 设计反馈循环

结合学生的项目进展，定期进行阶段性评估，可以帮助学生明确学习目标和改进方向。反馈循环强调反馈的连续性和阶段性，教师通过阶段性的评估，及时了解学生项目的进展情况，并给予有针对性的指导和建议。这种循环反馈机制不仅能帮助学生在项目推进过程中保持方向感，还能提高他们的学习效率和项目成果质量，增强学生的创新创业能力。

4. 利用数据分析工具

利用数据分析工具对学生的反馈进行系统性分析，是提升教学质量和效果的现代化手段。通过数据分析，教师可以识别学生反馈中的共性问题和改进机会，从而进行有针对性的教学改进。这种方法不仅提高了反馈处理的效率，还能为教师提供科学的决策依据。数据分析工具的应用，使反馈机制更加客观和高效，帮助教师在教学中不断优化和创新，最终实现教学质量的持续提升。

## 四、教育技术与信息化应用能力

### （一）教育技术工具应用

教育技术工具的应用在高职大学生创新创业教育中扮演着至关重要的角色。有效的教育技术工具不仅能够提高教学效率，还能增强学生的学习体验。教师在选择和应用这些工具时，需要充分考虑教学目标和学生的需求。选择合适的教育技术工具是确保教学效果的关键，教师应具备对工具的选择与评估能力，确保所选工具能够支持教学目标的达成，并满足学生的学习需求。通过对工具的功能、用户体验、兼容性等方面进行评估，教师可以选择最适合的工具，从而优化教学过程。

在线学习平台的有效利用为学生提供了灵活的学习环境和丰富的学习资源。随着信息化技术的发展，在线学习平台逐渐成为创新创业教育的重要组成部分。教师应具备利用在线学习平台的能力，通过这些平台提供多样化的学习资源，如视频课程、电子书籍和在线测验等，支持学生的自主学习。在线学习平台不仅可以打破时间和空间的限制，提供灵活的学习时间和地点，还能够通过互动功能增强学生的参与感和积极性，从而提高学习效率。

虚拟现实和增强现实技术在创新创业教育中的应用为学生创造了沉浸式的学习体验。这些技术能够模拟真实的创业环境，使学生在虚拟世界中进行实践操作，提升其实践能力和创新思维。教师应掌握这些技术的应用方法，设计相关的教学活动，引导学生在虚拟环境中进行探索和实验。通过虚拟现实和增强现实技术，学生可以在安全的环境中进行创新尝试，积累实践经验，为未来的创业活动打下坚实的基础。

数据分析工具的应用为教师提供了跟踪学生学习进度和效果的手段。通过数据分析，教师可以获取学生的学习行为数据，识别学习中的问题和困难，从而有针对性地调整教学策略和内容。利用数据分析工具，教师可以对学生的学习效果进行评估，识别学习中的薄弱环节，并提供个性化的指导和支持。数据分析不仅能够帮助教师优化教学过程，还可以提高教学的精确性和有效性，最终提升学生的学习成果。

### （二）信息化教学模式创新

通过引入现代信息技术，教师可以有效地突破传统教学的局限性，构建更加灵活和互动的学习环境。基于在线协作工具的项目管理与沟通是信息化教学模式创新的重要一环，这些工具不仅促进了学生团队之间的实时协作与信息共享，还提高了项目的执行效率。在高职创新创业教育中，学生常常需要进行团队合作，而在线协作工具的应用使跨地域、跨时间的合作成为可能，极大地提高了团队协作的效率和项目的成功率。

利用智能化评估系统是信息化教学模式创新的重要方面。智能化评估系统能够实时跟踪学生的学习进度与成果，为教师提供了丰富的数据支持。这些数据不仅可以帮助教师了解每个学生的学习状态，还能为学生提供个性化的学习反馈与改进建议。这种实时反馈机制有助于学生及时调整学习策略，提高学习效果。同时，教师也可以根据评估系统提供的数据，优化教学计划和策略，以更好地满足学生的学习需求。

开发互动式在线课程是提升学生参与感和学习动机的重要手段。通过将视频、讨论区和测验等元素结合在一起，教师可以设计出更具吸引力的课程内容。这种互动式的教学方式不仅能够激发学生的学习兴趣，还能增强他们的参与感，使他们在学习过程中更加投入。尤其是在创新创业教育中，学生需要不断地进行思考和实践，互动式在线课程为他们提供了一个良好的平台，使学习不再仅仅是知识的传递，而是一个充满探索和互动的过程。

此外，引入大数据分析技术是提升教学质量的重要举措。通过分析学生的学习行为与成果，教师可以获得关于学生学习习惯和效果的深刻洞察。这些数据不仅可以帮助教师优化课程内容，还能调整教学策略，以更好地适应学生的学习需求。大数据分析技术的应用使教学决策更加科学和精准，从而有效地提升了教学质量。在高职创新创业教育中，这种技术的应用尤为重要，因为它能够帮助教师及时发现并解决教学中的问题，确保每个学生都能在最适合自己的学习环境中成长。

# 第二节 师资培训路径与职业发展

## 一、师资培训的目标与内容设计

### （一）培训目标设定

在高职院校创新创业教育中，教师的角色至关重要。因此，明确师资培训的核心目标是提升教师在创新创业教育中的专业素养和实践能力。这不仅是对教师知识水平的提高，更是对其教学方法和实践指导能力的全面提升。教师需要具备创新思维和创业意识，能够引导学生在实际情境中应用所学知识，解决复杂问题。为此，设计专门针对教师的创新思维与创业意识的培养课程显得尤为重要。这些课程应包括理论学习与实践操作相结合的内容，以提高教师在课堂上引导学生的能力。

同时，建立教师与企业、创业者之间的合作机制也是培训目标的重要组成部分。通过与企业和创业者的合作，教师可以获得第一手的行业信息和实践经验。这种合作不仅有助于教师自身能力的提升，也为学生提供了更为真实的学习环境和实践机会。教师可以通过企业实习、项目合作等方式，深入了解行业动态和创业趋势，从而在教学中更好地指导学生。

### （二）培训内容选择

在高职大学生创新创业教育中，培训内容的选择直接影响着教师的教学效果与学生的学习成果。

首先，培训内容应注重创新创业教育理论与实践的有机结合。这不仅要求教师具备扎实的理论基础，还需掌握相关实践技能，以便在教学中灵活应用。课程设计应围绕创新创业的核心理念展开，涵盖创业思维、商业模式、市场分析等关键主题，使教师能够引导学生从理论走向实践，形成完整的创新创业思维链条。此外，通过案例分析的方式，教师可以更直观地理解理论在实际创业中的应用，增强教学的实效性与针对性。

其次，提高教师的心理素质与沟通能力是培训的重要组成部分。创新创业教育具有高度的不确定性和挑战性，教师不仅要应对教学中的多变情境，还需引导学生积极面对在创业过程中可能遇到的挫折与挑战。因此，培训需要帮助教师提高心理素质，增强抗压能力和情绪管理能力。同时，良好的沟通能力是教师与学生、团队成员及外部资源有效互动的基础。培训应包括沟通技巧、团队协作及冲突解决等内容，帮助教师在复杂的教育环境中建立高效的沟通渠道，促进教学目标的实现。

再次，创业项目评估与风险管理的实务培训也是不可或缺的一环。高职院校的教师在指导学生创业项目时，常常需要对项目的可行性进行评估，并识别潜在风险。培训应针对教授教师如何运用科学的评估工具和方法，进行市场调研、财务分析、风险识别与管理等实务操作。这不仅能提升教师的专业判断能力，还能帮助学生在创业初期规避常见陷阱，提高项目成功率。通过模拟真实的创业环境，教师可以更好地掌握风险管理的策略，并在教学中传授给学生。

最后，教育技术在创新创业教学中的应用与实践指导是现代教育发展的重要趋势。教育技术不仅可以丰富教学手段，还能提高教学效率与效果。在培训中，教师应学习如何使用各类教育技术工具，如在线教学平台、虚拟现实技术、数据分析软件等，以增强课堂互动性和学生参与度。实践指导应着重于如何将这些技术应用于创新创业课程中，帮助教师设计出更具吸引力和实用性的教学方案。通过不断更新教育技术知识，教师能够保持教学内容的前沿性，为学生提供更优质的学习体验。

## 二、创新创业教育师资的培训模式

### （一）线上培训模式

线上培训模式在高职院校的师资培训中发挥着重要作用。通过线上平台，教师可以随时随地获取学习资源，打破了传统培训的时间和空间限制。线上培训平台的选择与搭建至关重要，它需要具备视频会议、资料共享和互动讨论等功能，以满足师资培训的多样化需求。这不仅提高了培训的灵活性，还为教师之间的交流与合作提供了便利条件。通过有效的线上平台，教师能够更好地接受新知识，适应教育环境的变化。

定期开展线上讲座与研讨会是提升教师专业素养的重要途径。邀请行业专家分享前沿知识与实践经验，使教师能够及时了解创新创业教育的最新动态。这种形式的培训不仅丰富了教师的知识储备，还提高了他们在教学实践中的应用能力。通过与专家的互动，教师可以获得更多的启发和指导，进而在教学中融入更多创新元素，提高学生的创新创业能力。

利用在线课程与模块化学习，教师可以根据自身需求灵活选择学习内容，提升学习的针对性和有效性。这种学习方式打破了传统课程的固定模式，教师可以根据自身的专业背景和发展需求，自主选择学习模块。这种个性化的学习路径，不仅提高了教师的学习效率，还增强了他们在教学中的创新能力。模块化学习的灵活性，使教师能够在最短的时间内掌握最需要的知识和技能。

结合在线评估工具，对教师的学习进度与效果进行实时监测，提供个性化的反馈与改进建议。这种评估方式能够及时发现教师在学习过程中遇到的问题，并提供针对性的改进措施。通过实时监测，教师可以了解自身的学习进展，调整学习策略，提高学习效果。个性化的反馈不仅帮助教师明确学习目标，还激发了他们的学习动力，使培训的效果更加显著。

### （二）线下培训模式

通过组织定期的面对面培训会议，教师可以在真实的互动环境中，吸收行业专家分享的最新创新创业教育理念和实践经验。这种面对面的交流不仅有助于教师更好地理解复杂的教育理论，还能通过现场问答等形式，解决他们在教学过程中遇到的实际问题。这种直接的学习方式，能够有效地提高教师的专业素养，使他们在课堂上更具备实战能力。

建立教师交流与合作平台是促进教师之间经验分享的重要举措。通过这样的平台，教师可以分享各自在教学过程中积累的经验和教训，探讨如何更好地实施创新创业教育。这种经验分享不仅能帮助教师开阔视野，还能增强团队协作与共同成长的意识。通过定期的交流活动，教师可以形成一个互助的学习共同体，在相互支持中不断提升自身的教学水平和创新能力。

针对特定主题的线下培训课程设计是提高教师专业水平的有效途径。通过围绕创业项目评估、风险管理等实务进行深入探讨与实践，教师可以掌握最新的行业动向和实用技能。这种有针对性的培训，不仅有助于教师在教学中融入实际案例，还能帮助他们在教学设计中更好地贴合学生的学习需求。通过这样的课程，教师可以在理论与实践之间建立起更紧密的联系，提升教学效果。

实施实地考察与企业参观活动是增强教师对实践教学理解与应用能力的重要手段。通过亲身体验创业环境，教师可以更直观地感受创业企业的运作模式和实际挑战。这种实地考察不仅能帮助教师更好地理解创新创业教育的实践要求，还能激发他们在教学中融入更多真实案例的热情。通过与企业的直接接触，教师可以获得第一手的行业信息，为学生提供更具实用性的指导和支持。

### （三）混合培训模式

混合培训模式结合线上和线下学习的优势，提供了一种灵活的培训方式，能够适应不同教师的学习需求和时间安排。这种模式不仅提高了培训的效率，还为教师提供了更多的学习选择，使他们能够在繁忙的教学工作之余，灵活安排学习时间，提升自身的教学能力和创新创业教育水平。

通过线上学习平台，教师可以访问丰富的学习资源，这些资源包括视频课程、在线文献、案例分析等。教师可以根据自己的学习进度和需求，随时随地进行学习，从而增强了学习的自主性和便利性。这种灵活的学习方式打破了传统培训的时空限制，使教师能够在工作之余不断地充实自己的知识储备，并将所学内容应用于实际教学中，提高教学效果。

同时，混合培训模式强调建立有效的反馈机制，实现线上学习与线下培训之间的信息共享。通过定期收集教师的反馈意见，培训组织者可以及时调整培训内容和方法，以更好地满足教师的实际需求。这种动态调整机制确保了培训的针对性和有效性，使教师在学习过程中能够获得更为贴合自身需求的指导和支持，从而提高整体培训效果。

混合培训模式还促进了教师之间的互动与合作。在线社区和线下讨论相结合，为教师提供了一个交流经验、分享见解的平台。在这个过程中，教师不仅能够从同行中获得启发，还能通过团队合作提升自身的学习动力和团队意识。这种协作学习的方式，不仅增强了教师的教学能力，还为创新创业教育的教学团队建设提供了有力支持。通过这种模式，教师在不断提高个人能力的同时，也能为高职院校创新创业教育的整体发展贡献力量。

## 三、职业发展路径规划与支持

### （一）职业发展规划

职业发展规划对于高职院校的创新创业教育教师而言，至关重要。通过明确教师的职业发展目标，可以帮助他们制定清晰的短期和长期职业规划。这不仅有助于提升教师在创新创业教育领域的专业能力，还能激发他们的职业热情和教学创新能力。具体而言，教师需要在职业生涯的不同阶段设定明确的目标，例如，初期阶段注重教学技能的提升，中期阶段关注教学成果的转化与应用，后期阶段则致力于学术研究的深化与扩展。通过这样的规划，教师能够在不断变化的教育环境中保持竞争力，并为学生提供更高质量的教育服务。

为了支持教师实现其职业发展规划，高职院校应提供多样化的职业发展支持。继续教育是其中的一个重要方面，教师可以通过参加各类培训和进修课程，更新其专业知识，掌握最新的教学方法和技术。此外，专业资格认证也是提升教师专业水平的重要途径，通过获得相关认证，教师能够更好地胜任创新创业教育的教学任务。提供行业交流的机会，可以让教师与同行分享经验和成果，拓宽视野，促进其职业成长与发展。通过这些支持措施，教师不仅能提高自身的专业素养，还能为学生创造更多的学习机会和资源。

建立教师职业发展评估机制是确保教师职业发展规划有效实施的关键。通过定期评估教师的职业发展进展，学校可以为教师提供及时的反馈与指导，帮助他们调整发展方向。这种评估机制不仅关注教师的教学能力和学术成果，还注重对其在创新创业教育领域的贡献和影响力的考核。通过科学合理的评估，教师能够了解自身的优势与不足，明确未来的发展路径。同时，评估结果也可以作为教师晋升和奖励的重要依据，激励教师不断地追求卓越。

鼓励教师参与学术研究与项目申报，是提升其在创新创业教育领域学术影响力和实践能力的重要途径。通过参与各类研究项目，教师可以将理论与实践相结合，探索创新创业教育的新模式和新方法。在项目申报过程中，教师不仅可以锻炼自身的科研能力，还能积累丰富的教学经验和资源。这些研究成果不仅能为教师的职业发展奠定坚实的基础，还能为高职院校的创新创业教育提供有力的支持和保障。通过学术研究与项目申报，教师能够不断提升自身的专业水平，为学生提供更好的教育服务。

### （二）职业支持措施

对教师的职业支持不仅有助于提升其个人职业能力，也对整体教学质量的提高起到推动作用。建立完善的职业支持体系，需要从多个方面入手，以确保教师能够在职业生涯中获得持续发展的动力和资源。通过系统化的支持措施，教师可以在不断变化的教育环境中保持其专业的先进性和适应性，从而更好地服务于学生的创新创业教育需求。

建立教师职业发展导师制度是职业支持措施的核心之一。通过资深教师或行业专家的指导，年轻教师能够更清晰地规划自己的职业发展方向。这种导师制度不仅帮助年轻教师提高职业能力，还促进了知识和经验的传承。导师在指导过程中，能够根据年轻教师的个性特点和职业目标，提供个性化的建议和支持。这种制度的实施，有助于形成良好的师资梯队，确保创新创业教育的持续性和稳定性。

提供持续的专业发展培训是职业支持措施的一个重要方面。这些培训应当涵盖创新创业教育相关的最新研究与实践，使教师能够掌握前沿的教学方法和教育理念。通过定期的培训，教师可以不断地更新自己的知识储备，增强教学能力。这不仅有助于提高课堂教学的质量，也使教师在职业生涯中保持竞争力和创新力。持续的专业发展培训是教师职业成长的重要保障，能够帮助教师在教育领域中不断进步。

设立教师交流与合作网络是职业支持措施不可或缺的一环。通过这样的网络，教师之间可以分享经验，开展合作项目，增强团队意识。这种交流与合作不仅促进了教师的共同成长，也为创新创业教育提供了更多的资源和支持。通过合作，教师可以在实践中相互学习，取长补短，提高整体的教学水平。教师交流与合作网络的建立，有助于营造开放、合作的教育氛围，推动教育质量的全面提高。

鼓励教师参与行业会议与研讨会，并提供相应的资助或支持，是提升教师在专业领域影响力的重要措施。通过参与这些活动，教师可以拓展自己的专业网络，获得最新的行业动态和研究成果。这不仅有助于教师自身的职业发展，也为学校的创新创业教育注入新的活力和视野。提供资助或支持，能够减轻教师的经济负担，激励他们积极参与这些活动，从而在更广阔的舞台上展示自己的专业能力和学术成果。

## 四、师资职业发展的激励机制

### （一）职称晋升通道设计

#### 1. 明确职称评审标准

通过建立明确的职称评审标准，学校可以有效地鼓励教师在创新创业教育领域的专业发展与教学成果。具体而言，职称评审标准应涵盖教师在教学、科研、社会服务等方面的综合表现，特别是在创新创业教育中的贡献。这不仅有助于教师明确职业发展的目标和方向，还能激发他们在教学和科研中不断创新的动力。通过职称晋升，教师不仅能够获得职业的认可度和成就感，还能提升经济和社会地位，从而进一步推动他们在创新创业教育中的投入和发展。

2. 设立专项奖励机制

设立专项奖励机制是激励教师在创新创业教育中表现突出的有效手段。学校可以通过经济奖励或荣誉称号的形式，表彰在创新创业教育中取得显著成果的教师。这种奖励机制不仅能够提高教师的教学热情和积极性，还能在学校内部营造良好的竞争氛围，促使更多教师投入创新创业教育的实践中。同时，荣誉称号的授予也能提升教师的职业荣誉感和社会认可度，进一步促进他们在教育教学工作中的创新和发展。

3. 提供职业发展培训和进修机会

提供职业发展培训和进修机会是支持教师职业发展的重要措施。学校应定期组织相关的培训和进修活动，帮助教师不断地提升自身的专业能力和教学水平。这些培训内容可以包括最新的教育教学理论、创新创业教育的前沿动态以及教学技能的提升等。通过参加这些培训，教师不仅能够拓宽视野、更新知识，还能提高自身的教学能力和科研水平，从而在职业发展中获得更大的竞争优势。此外，学校还应鼓励教师参加国内外的学术交流活动，以开阔视野、提升自身的国际化水平。

4. 建立教师职业发展档案

建立教师职业发展档案是对教师职业发展进行系统管理的重要手段。通过定期评估教师的职业发展进展，学校可以为教师提供个性化的职业指导与支持。这种档案管理不仅有助于学校全面掌握教师的职业发展状况，还能为教师提供科学的职业发展建议，帮助他们明确职业发展目标和路径。通过这种方式，教师能够更好地规划自己的职业生涯，从而在创新创业教育中取得更大的成就。

### （二）绩效奖励与评估

在高职教育中，教师的绩效奖励与评估是师资职业发展的重要激励机制。

设立绩效评估指标体系是这一机制的核心。该体系应涵盖教学效果、学生反馈和项目成果等多个维度，以全面评价教师在创新创业教育中的表现。教学效果可以通过学生的学习成果和课堂参与度进行评估，而学生反馈则提供了教师教学质量的直接反映。此外，项目成果的评估则注重教师在创新创业项目中所取得的实际成就。这种多维度的评估体系能够更全面地反映教师的综合能力和教育贡献。

在实施绩效评估的过程中，定期组织教师绩效评估会议是确保评估过程公正性和客观性的关键。评估会议应结合同行评审和专家评估的方式进行。同行评审利用教师之间的互评机制，使评估过程更具透明度和可信度，而专家评估则提供了专业的外部视角，确保评估结果的权威性。在评估会议中，教师不仅是被评估者，同时也是评估者，这种双重角色有助于促进教师之间的相互学习和经验交流。

根据绩效评估结果，制订个性化的职业发展计划是提升教师专业水平的重要手段。通过明确的职业发展方向，教师可以更有针对性地提升自身能力。个性化的发展计划应考虑教师的个人兴趣和专业特长，并结合学校的教育目标和创新创业教育的需求。这种计划不仅有助于教师的个人成长，也能推动整个教育团队的整体发展，促进高职院校创新创业教育水平的提高。

建立教师绩效奖励机制，以激发教师的积极性和创造力，是绩效评估的直接应用。对于表现突出的教师，可以给予经济奖励、荣誉称号或职业晋升机会。这些奖励措施不仅能够提高教师的工作积极性，还能营造鼓励创新和竞争的教育环境。通过奖励机制，教师的成就感和归属感得到提升，进而推动他们在创新创业教育领域的持续投入和发展。

此外，定期收集和分析教师的绩效数据是优化师资队伍建设和职业发展路径的重要手段。通过数据驱动的方法，可以及时调整培训和支持措施，确保教师在教育过程中得到必要的帮助和指导。利用数据分析，学校可以识别教师群体中的共性问题和个性发展需求，从而为教师提供更具针对性的培训和资源支持。这种持续优化的过程不仅提高了教师的职业发展水平，也为高职院校的创新创业教育提供了坚实的人才保障。

# 第三节 企业导师引入与激励机制

## 一、校企合作中企业导师的角色定位

### （一）角色职责

企业导师在高职大学生创新创业教育中扮演着至关重要的角色。他们不仅需要在课程设计中提供行业视角，还需确保教学内容与市场需求的紧密结合。通过引入企业导师，学校能够更好地了解当前行业的发展动态，使课程内容更具实用性和前瞻性。企业导师凭借其丰富的行业经验和专业知识，能够帮助学生在学习过程中将理论知识与实践相结合，培养学生的创新意识和创业能力。

企业导师负责为学生提供实际项目的指导，这一职责对于学生的成长至关重要。在指导过程中，企业导师通过提供真实的创业环境，帮助学生将课堂上学到的知识应用于实践。这不仅有助于提高学生的实战能力，还能增强他们在未来就业市场中的竞争力。通过这样的指导，学生能够更好地理解行业运作的实际情况，从而在未来的职业发展中占得先机。

企业导师应定期与学生进行互动交流，分享行业经验。这种交流不仅能够激发学生的创新思维，还能提升他们的实践能力。在互动过程中，企业导师通过分享自身的职业经历和行业见解，帮助学生开阔视野，培养他们在复杂环境中解决问题的能力。这样的交流活动有助于学生建立对行业的全面认知，并为他们的职业发展提供宝贵的指导。

企业导师在校企合作中还应扮演桥梁角色，促进学校与企业之间的信息流通与资源共享。这一角色定位对于校企合作的成功至关重要。企业导师通过在学校与企业之间架起沟通的桥梁，确保双方在合作过程中能够充分理解彼此之间的需求和期望。这种信息流通与资源共享不仅能提高教学质量，还能为企业提供优质的人才资源，实现双赢的合作局面。

### （二）角色影响

企业导师在高职大学生创新创业教育中扮演着多重角色，其影响力不容小觑。通过分享丰富的行业经验，企业导师帮助学生深入了解市场需求和行业动态。这种直接的行业接触，使学生的创业意识得到显著提升。企业导师不仅传授理论知识，更是通过实际案例分析，将市场的真实情况展现给学生，帮助他们在创业初期就能形成清晰的市场观念和经营策略。这种实战经验的传授，使学生在面对复杂的市场环境时，也能从容应对。

在项目指导中，企业导师提供专业的评估和反馈，这对于学生识别和解决实际问题至关重要。通过企业导师的指导，学生能够在项目开发的各个阶段获得及时的建议和改进方案，从而提高项目的成功率。企业导师的参与，不仅能帮助学生在项目中发现问题，还能通过专业的视角，提出切实可行的解决方案。这种指导模式，有助于学生在实践中不断反思和提升自己的能力，逐步积累项目管理和执行的经验。

企业导师的参与还促进了学校与企业之间的紧密合作，增强了教育资源的整合与共享，进而提高了教学质量。通过校企合作，学校能够更好地了解行业发展的前沿动态，及时调整课程设置和教学内容，使之更贴近实际需求。同时，企业导师的反馈也为学校的教学改革提供了重要的参考依据。这种双向互动，使学校的教育资源能够得到更有效的利用，最大限度地发挥其作用。

在实习指导过程中，企业导师帮助学生制定明确的实习目标，提升其职业素养和实践能力。通过与企业导师的互动，学生能够更好地理解职场的规则和要求，增强其职业素养。企业导师在实习中不仅是指导者，更是职业发展的引导者。他们帮助学生将理论知识与实际操作相结合，提升其动手能力和解决问题的能力，为未来的职业发展打下坚实基础。

## 二、企业导师参与教学的合作模式

### （一）课程合作模式

课程合作模式在高职教育中扮演着至关重要的角色，特别是在创新创业教育中，它为学生提供了直接接触行业实践的机会。企业导师与教师共同设计课程大纲，确保课程内容不仅符合学术标准，还能紧密结合当前行业需求和学生的实际情况。这种合作模式要求企业导师和教师进行深入的沟通与协作，以便在课程中融入最新的行业动态和技能要求。通过这种方式，学生能够在学习过程中了解到行业的最新趋势和技术应用，使他们在进入职场时具有更强的竞争力。

在课程合作模式中，企业导师与学生的互动讨论是一个重要环节。通过这种互动，学生不仅可以加深对课程内容的理解，还能从企业导师的实际经验中获得启发。这种讨论通常以案例分析为基础，企业导师通过分享真实的行业案例，帮助学生将理论知识与实际应用相结合。通过这种方式，学生能够培养批判性思维和解决问题的能力，这对于他们未来的职业发展至关重要。

企业导师参与课程评估也是课程合作模式的一个关键组成部分。通过提供行业视角的反馈，企业导师可以帮助教师识别课程中的不足之处，并提出改进建议。这种反馈机制不仅有助于优化课程内容和教学方法，还能确保课程始终保持与行业发展的同步性。通过这种方式，教师能够不断地调整教学策略，以更好地满足学生的学习需求和行业的变化。

同时，建立企业导师定期授课机制可以确保学生持续接触行业前沿知识与技能。这种机制通常要求企业导师定期到校授课，分享最新的行业趋势和技术进展。通过这种方式，学生不仅能够获得最新的行业信息，还能培养对行业的敏锐洞察力和适应能力。这种持续的学习和接触可以帮助学生在毕业后快速适应职场环境，成为行业中的佼佼者。

### （二）项目合作模式

项目合作模式在高职院校创新创业教育中扮演着重要角色，通过企业导师的深度参与，学生能够在真实的创业项目中获得实践经验。企业导师与学生团队共同开展项目，不仅能提供实践指导，还能调动丰富的行业资源。这种合作模式旨在增强学生的实践能力和市场适应性，使他们在毕业后能够更好地融入职场。在项目初期，企业导师的专业市场调研支持尤为关键，他们帮助学生制订合理的商业计划和市场进入策略，确保项目从一开始就具备竞争优势。通过这种方式，学生不仅能掌握理论知识，还能将其应用于实际场景中，提高自身的综合素质。

在项目实施过程中，企业导师的角色更为突出，他们提供定期的进度评估与反馈，帮助学生识别项目中的问题并及时调整策略。这样的动态评估机制不仅提高了项目的成功率，还培养了学生的应变能力和解决问题能力。企业导师的反馈往往基于丰富的行业经验，能够为学生提供宝贵的指导意见，使他们在项目推进中少走弯路。此外，企业导师还会鼓励学生主动思考，提出创新性的解决方案，从而提升学生的创造力和创新能力。

为了促进经验分享和问题讨论，建立企业导师与学生之间的定期交流机制是必不可少的。通过这种机制，学生可以及时了解行业动态，增强对行业的理解与应对能力。企业导师在交流中不仅分享成功经验，还会针对学生提出的问题进行深入探讨，帮助他们拓宽视野。此外，定期交流的机制还可以增进师生之间的信任与合作，为后续项目的顺利开展奠定基础。通过这种方式，学生能够在短时间内快速成长，积累宝贵的行业经验。

企业导师的参与还推动了学生在项目中运用创新工具和技术，这对于提升学生在实际操作中的创新能力与解决问题能力具有重要意义。通过企业导师的指导，学生能够接触最新的行业技术和工具，了解其在实际应用中的优势与局限。这不仅提高了学生的技术水平，也增强了他们的市场竞争力。在项目合作过程中，学生在企业导师的引导下，逐步掌握了创新工具的使用技巧，并通过实际操作不断提升自己的能力。这种实战经验为学生未来的职业发展奠定了坚实的基础。

### （三）实习指导模式

企业导师通过为学生提供实习机会，使他们能够接触真实的工作环境。这种接触不仅提升了学生的实践能力，还增强了他们的职业素养。通过在企业中的实际操作，学生能够将课堂上学到的理论知识与实践相结合，从而全面提升自身的综合素质。这种模式不仅是学生职业发展的起点，更是他们未来职业生涯的重要基石。

企业导师在实习期间的定期指导是实习指导模式的核心组成部分。导师通过与学生定期沟通，帮助他们制定明确的实习目标。这种目标导向的实习方式确保了学生在实习过程中能够有针对性地进行学习和成长。导师的指导不仅帮助学生明确学习方向，还提高了他们在实习中的积极性和主动性。通过这种模式，学生能够在企业导师的带领下，深入理解行业动态，掌握专业技能，进而为未来的就业做好充分准备。

通过企业导师的反馈机制，学生可以及时了解自身的不足之处。这种反馈不仅是对学生实习表现的评估，更是他们进行自我反思和改进的重要依据。企业导师的反馈能够帮助学生认清自己的优势与不足，明确未来的发展方向。通过这种自我反思的过程，学生能够不断地调整自己的学习和实践策略，提升实习效果。这种循环反馈机制是学生成长的重要推动力，能够有效地提高他们的实践能力和职业素养。

企业导师在实习结束后为学生提供详细的评估报告，这一环节是实习指导模式的重要组成部分。评估报告不仅总结了学生在实习期间的表现，还为他们未来的发展提供了宝贵的建议。这种评估不仅是对学生过去表现的总结，更是对他们未来职业发展的指导。通过评估报告，学生能够更清晰地了解自己的职业定位和发展路径，从而在未来的职业生涯中更加有的放矢。

## 三、企业导师的激励机制与待遇保障

### （一）激励措施

为了激励企业导师积极参与教学与指导工作，提供经济奖励是一项重要措施。项目指导费或授课酬劳不仅能够补偿企业导师的时间投入，还能激发其参与热情和责任感。经济奖励的合理设置与及时发放，能够显著提高企业导师的工作积极性和教学质量。此外，设立企业导师的荣誉称号或认证也是提升其职业成就感的重要手段。通过对优秀企业导师的表彰，认可他们在创新创业教育中的贡献，可以增强他们的职业自豪感和社会认可度。这种荣誉不仅是一种精神激励，也能吸引更多优秀的企业导师参与到高职院校的教育中。

为了进一步提升企业导师的专业能力与行业影响力，高职院校应为企业导师提供职业发展支持。通过组织培训、进修机会和行业交流活动，企业导师可以不断更新知识体系，掌握最新行业动态和教学方法。这不仅有助于提升企业导师的个人能力，也能为学生提供更为前沿和实用的指导，推动创新创业教育的发展。与此同时，建立企业导师的绩效评估体系也是确保其持续改进与发展的重要环节。通过定期的指导效果评估和学生反馈，高职院校可以帮助企业导师发现自身不足，提供针对性的改进建议，促使其在教学过程中不断进步。

此外，灵活的参与机制也是激励企业导师的重要措施。允许企业导师根据自身时间和能力选择参与的项目和课程，可以提高其参与意愿和积极性。这种机制不仅能够尊重企业导师的个人安排，也能在一定程度上提高教学的灵活性和实效性。通过合理的激励措施和待遇保障，高职院校可以吸引和留住更多优秀的企业导师，为创新创业教育提供坚实的师资支持。这种多层次的激励机制不仅能促进企业导师的个人发展，也能推动高职院校创新创业教育的整体提升。

### （二）待遇保障

在构建高职院校创新创业教育的师资队伍中，企业导师的待遇保障是关键环节。

1. 提供基本的报酬保障

提供基本的报酬保障是确保企业导师积极参与教学和指导工作的基础。通过合理的经济回报，激励企业导师投入更多精力和时间，提升教育质量和效果。报酬不仅是对企业导师付出的认可，更是吸引优秀企业人才参与教育的重要手段。只有通过合理的经济激励，才能有效地调动企业导师的积极性，使其在创新创业教育中发挥更大作用。

2. 设立社会保险和福利待遇

设立企业导师的社会保险和福利待遇是保障其基本生活和健康权益的必要措施。在参与高职院校教育活动期间，企业导师的生活和健康权益需要得到充分保障，以消除其后顾之忧。通过提供完善的社会保险和福利待遇，确保企业导师的基本生活条件，使其能够安心投入教学和指导工作。这不仅有助于稳定企业导师队伍，还能增强企业导师对学校的归属感和责任感，进一步提高教育质量。

3. 提供交通补贴和差旅费用

在待遇保障方面，交通补贴和差旅费用的提供是重要内容。企业导师在参与课程和项目指导时，需要经常往返于企业和学校之间，这无疑增加了其经济负担。通过提供交通补贴和差旅费用，可以有效减轻企业导师的经济压力，提升其参与创新创业教育的积极性。这项措施不仅体现了学校对企业导师的关心和支持，也有助于增强企业导师的参与意愿和教学投入。

4. 建立职业发展支持机制

建立企业导师的职业发展支持机制是提升其专业能力和行业影响力的重要途径。通过提供进修和培训机会，帮助企业导师不断更新知识、提升技能，增强其在行业中的竞争力。这不仅有利于企业导师自身的职业发展，也能提高其在教学中的专业水平和指导能力。此外，这种支持机制还可以增强企业导师与学校之间的合作关系，实现共同发展。

## 四、企业导师教学效果的评价机制

### （一）评价标准

在高职院校教育中，引入企业导师是提升学生创新创业能力的重要举措。评价企业导师的教学效果，需要建立科学合理的标准。

1. 企业导师在教学中的专业知识和行业经验的应用程度

企业导师应能够将其丰富的行业经验与学术理论相结合，为学生提供具有实用价值的指导。通过这种方式，学生能够更好地理解理论知识与实际工作相结合，从而提高学习效果。此外，企业导师的专业背景和行业洞察力也能够激发学生的学习兴趣和求知欲。

2. 学生对企业导师指导的满意度和反馈质量

学生的满意度不仅反映了企业导师的教学能力，也体现了其在教学过程中对学生需求的关注程度。高质量的反馈意味着企业导师能够有效识别学生的不足，并提供针对性的建议和指导。这种双向互动不仅有助于学生的成长，也能帮助企业导师改进教学方法和内容。因此，收集和分析学生的反馈是评价企业导师教学效果的重要环节。

3. 企业导师在项目实施过程中对学生的指导和支持的有效性

企业导师在项目中所提供的支持，包括技术指导、资源协调和问题解决等，直接影响着学生的项目成果。有效的指导应能够帮助学生克服项目中的各种困难，提高项目质量，并促进学生在项目管理和团队合作方面的能力发展。通过对项目实施过程的观察和分析，可以客观评估企业导师的指导效果。

4. 学生在实际项目中运用企业导师提供的知识和技能的能力提升

高职院校教育的目标之一是培养学生的实际操作能力和创新意识，因此，学生在项目中表现出的能力提升直接反映了企业导师的教学成果。通过对学生能力提升的评估，可以判断企业导师在教学中所传授的知识和技能是否得到了有效的吸收和运用。

5. 企业导师与学生之间的互动频率和沟通效果的评估

有效的沟通能够促进师生之间的理解和信任，增强教学的针对性和实效性。频繁而高效的互动有助于企业导师及时了解学生的学习进度和困难，并进行适时的指导和调整。因此，在评价企业导师的教学效果时，应关注其与学生的互动质量和沟通效果。通过多维度的评价机制，能够全面、客观地反映企业导师在高职院校教育中的贡献和价值。

### （二）改进建议

1. 加强培训与指导

在高职院校教育中，企业导师的引入为学生带来了丰富的实践经验和行业视角。为了提升企业导师在教学中的有效性，需要加强对其的培训与指导。这不仅包括提高其专业能力，还需增加对行业适应性的培训。通过系统化的培训计划，企业导师能够更好地理解教育教学的目标和学生的需求，从而在教学过程中提供更具针对性的指导。此外，培训还应涵盖现代教育技术的应用，以增强企业导师在教学中的互动性和创新性。

2. 建立定期反馈机制

通过定期反馈机制，学生能够及时表达对企业导师指导的意见和建议，从而使教学效果得到持续改进。定期反馈机制不仅是收集学生的意见，更重要的是要确保这些反馈能够得到企业导师和相关教育管理部门的重视，并转化为实际的改进措施。这样，企业导师能够根据学生的反馈调整教学策略，以更好地满足学生的学习需求和提高教学质量。

3. 优化企业导师选拔标准

传统的选拔标准往往侧重于企业导师的行业经验，而忽视了教学能力和创新思维的评估。引入更全面的评估标准，可以确保选拔出不仅具备丰富行业经验，而且具有良好教学能力和创新思维的企业导师。这将有助于提升学生的学习体验，并培养他们的创新创业能力。

4. 促进企业导师与教师之间的协作

促进企业导师与教师之间的协作是提高教学效果的重要策略。通过定期的交流与合作，企业导师和教师可以分享各自的经验和教学方法，形成合力，共同提高学生的实践能力。这样的协作不仅能够丰富教学内容，还能为学生提供多元化的学习视角，帮助他们更好地适应未来的职业挑战。

5. 完善激励措施

完善企业导师的激励措施是吸引优秀行业人才参与教育教学的有效手段。提供更多的职业发展机会，如晋升途径、专业培训和行业交流活动，可以激励企业导师积极参与教学并投入更多精力。同时，通过合理的薪酬激励和荣誉奖励，企业导师的工作积极性将得到大大提高，从而为高职大学生提供更优质的教育资源。

# 第四节 跨学科教学团队建设策略

## 一、跨学科教学团队的组建原则与目标

### （一）组建原则

跨学科教学团队的组建需要遵循多项原则，以确保其在创新创业教育中发挥最大效用。

1. 团队应具备多样化的专业背景

多样化的专业背景不仅包括不同的学科知识，还涵盖了不同的行业经验和实践技能。通过这样的组合，团队可以在教学过程中提供更为全面和多元的知识支持，使学生能够从多个角度理解创新创业的复杂性。这种多样化的专业背景有助于学生在面对实际问题时，能够整合不同领域的知识，从而提出创新的解决方案。

2. 团队成员之间的沟通机制

良好的沟通不仅能够促进信息的共享，还能增强团队的凝聚力和工作效率。

通过定期的会议和交流，团队成员可以分享各自的教学经验和创新思路，避免信息孤岛的形成。此外，建立开放的沟通渠道，可以使团队成员在遇到教学挑战时，能够迅速地寻求帮助和建议，从而提高整体的教学质量。

3. 明确共同的教学目标和愿景

这一原则的核心在于确保团队成员在教学过程中朝着一致的方向努力。明确的目标可以为团队的教学活动提供指引，帮助成员在课程设计和实施中保持一致性。同时，共同的愿景能够激励团队成员不断地追求卓越，为学生提供高质量的教育体验。在明确目标的过程中，团队需要充分考虑学生的需求和市场的变化，以确保教学内容的相关性和实用性。

4. 团队的评估与反思机制

通过定期的评估，团队可以识别教学过程中的优势和不足，从而及时调整教学策略和内容。这一过程不仅有助于提升教学效果，还能使团队更好地适应学生的需求和市场的动态变化。反思机制的建立，可以促使团队成员不断学习和成长，提高自身的教学能力和专业素养，为学生提供更为优质的创新创业教育。

## （二）团队目标

高职院校在培养创新创业人才的过程中，跨学科教学团队的目标设定至关重要。团队目标不仅是一个方向标，更是实现教育实践效果的核心驱动力。

首先，团队目标旨在提高学生的跨学科综合素质，培养其在不同领域的创新思维能力。当前，随着社会经济的快速发展，单一学科的知识已难以应对复杂的实际问题。通过跨学科教学，学生能够在不同学科的交叉点上激发创新思维，形成解决问题的新路径。这种综合素质的培养，为学生未来在多变的市场环境中脱颖而出奠定了基础。

其次，团队目标在于促进团队成员之间的知识共享与合作，增强教学效果与学生参与感。跨学科团队的优势在于其多样化的知识背景和视角，这为知识共享创造了良好的条件。通过定期的团队研讨会和合作项目，团队成员能够分享各自领域的最新研究成果和教学经验，形成集体智慧。这种合作不仅提高了教学效果，也激发了学生的参与热情，使他们在学习过程中感受到不同学科知识的融会贯通。

再次，通过团队合作，设计和实施多样化的实践项目，提高学生的实际操作能力是跨学科团队的重要目标之一。在创新创业教育中，实践能力的培养是不可或缺的重要环节。跨学科团队通过整合各学科的优势，设计出具有挑战性和实际应用价值的项目，使学生在实践中锻炼技能，积累经验。这种实践导向的教学模式，不仅提高了学生的动手能力，也增强了其在真实情境中解决问题的信心。

最后，定期评估与反思团队教学效果，持续优化教学策略以适应市场需求和学生发展，是实现团队目标的关键步骤。跨学科教学团队需要建立完善的评估机制，通过学生反馈、教学成果和市场变化等多方面的信息，反思和改进教学策略。只有不断优化，团队才能保持教学的创新性和有效性，确保学生在快速变化的市场环境中始终保持竞争力。这种动态的优化过程，使跨学科教学团队的目标不仅具有前瞻性，也具备了现实的可操作性。

## 二、不同学科背景教师的整合与协同

### （一）学科背景分析

在高职院校创新创业教育中，教师的学科背景分析是构建跨学科教学团队的基础。不同学科背景的教师各自拥有独特的专业知识和技能，这种多样性为学生提供了更为广阔的创新创业教育视角。例如，理工科教师通常具备严谨的逻辑思维和技术应用能力，人文学科教师则可能更加注重沟通技巧和文化理解。通过整合这些不同的学科背景，教师能够互相补充彼此的不足，从而形成更为全面的教学方案。这种多元化的教学环境不仅丰富了学生的学习体验，也激发了他们的创新思维。

跨学科团队的组建还能够有效提升学生在解决复杂问题时的综合分析能力。在面对真实世界的挑战时，单一学科的知识往往显得不足，而跨学科的知识整合则可以提供更为全面的解决方案。例如，经济学与信息技术的结合能够帮助学生更好地理解市场动态和数据分析，艺术与工程学的结合则可能激发产品设计的创新。因此，通过跨学科的教学团队，学生能够更好地运用多种学科的知识，提升其综合分析问题的能力。

不同学科背景的教师带来的教学方法和理念的多样性，能够显著增强课堂的互动性与趣味性。每一位教师都有自己独特的教学风格和方法论，这种多样性可以激发学生的学习兴趣，并鼓励他们积极参与课堂讨论。例如，科学教师可能倾向于实验和数据分析，艺术教师则可能通过项目和视觉展示来激发学生的创造力。通过这种多元化的教学方式，学生不仅能够获得丰富的知识，还能够在课堂上体验不同的思维方式和解决问题的策略。

此外，跨学科团队合作可以有效培养学生的团队协作能力，这对于他们适应未来职场的多元化工作环境至关重要。在现代职场中，团队合作已经成为一种常态，而跨学科的合作则能够培养学生在多元化团队中的工作能力。在这种环境下，学生不仅需要理解和尊重不同学科的观点，还需要学会如何在多学科背景下进行有效的沟通和合作。这种能力的培养将为学生的职业生涯奠定坚实的基础，使他们能够更好地适应和迎接未来的挑战。

### （二）协同机制

在高职院校创新创业教育中，跨学科教学团队的协同机制是确保教学质量和创新能力的重要保障。

#### 1. 建立跨学科教学团队会议

协同机制的核心在于建立定期的跨学科教学团队会议，这不仅是促进成员之间沟通与协作的有效平台，也是确保教学目标一致性和执行有效性的关键。通过这些会议，团队成员可以分享各自的教学进展，讨论遇到的各种挑战，并共同寻找解决方案。这种定期的交流机制有助于打破学科之间的壁垒，形成一个和谐的教学环境，从而更好地服务于高职大学生的创新创业教育。

#### 2. 制定跨学科项目的共同评估标准

共同评估标准不仅为项目实施提供了明确的方向，也为团队成员进行有效的自我反思和调整提供了依据。通过共同评估标准，团队成员能够在项目的不同阶段对照标准进行自我评估，从而发现不足并及时调整教学策略。这样的机制不仅提高了项目的整体质量，也促进了团队成员的专业成长和教学能力的提升，为高职院校创新创业教育提供了坚实的保障。

#### 3. 跨学科教学知识共享

通过组织研讨会和工作坊，团队成员能够在轻松的氛围中分享各自的教学经验和方法。这种经验交流不仅促进了不同学科教师之间的相互借鉴，也为创新教学方法的产生提供了土壤。在高职院校创新创业教育背景下，这种知识共享机制能够有效提升教师的教学水平，进而提高学生的学习体验和参与感，形成良性循环。

4. 实施跨学科合作激励机制

实施跨学科合作激励机制是促进教师积极参与教学创新的重要手段。通过适当的激励措施，教师在教学中会更加主动地尝试新的教学方法和策略，进而提升团队的整体教学效果。这种激励机制不仅能增强教师的职业成就感，也能激发学生的学习兴趣和参与度，使创新创业教育在高职院校中真正落地生根。通过协同机制的有效实施，高职院校创新创业教育将能够更好地应对未来的挑战。

## 三、团队内部的知识共享与交流机制

### （一）知识共享平台

构建知识共享平台是高职院校创新创业教育中跨学科教学团队建设的重要策略。知识共享平台不仅是一个技术工具，更是促进教师之间、教师与学生之间知识交流和创新的桥梁。通过知识共享平台，团队成员可以轻松地共享各自的教学资源、研究成果和创新项目案例，提升整体教学效果和学生的创新能力。知识共享平台的有效运行依赖完善的技术支持和管理机制，确保信息的及时更新和准确传递。知识共享平台的建设需要考虑到用户体验，确保其易于使用和访问，从而鼓励更多的教师和学生积极参与到知识共享的过程中。

定期举办跨学科知识分享会是促进团队内部知识交流的有效方式。这些分享会可以邀请不同学科的教师分享他们在教学中的经验和创新创业教育的最佳实践。这种跨学科的交流能够打破学科壁垒，激发教师之间的创新思维，促进教学方法的多样化和创新性。通过知识分享会，教师可以学习到其他学科的教学策略和方法，并将其融入自己的教学实践中，从而提升教学的效果和学生的学习体验。这种定期的分享活动不仅有助于教师的专业发展，也为学生提供了多元化的学习环境，激发他们的创新思维和实践能力。

创建教师与学生的互动论坛是增强教学互动性和参与感的重要举措。通过这个论坛，教师和学生可以就教学内容、项目实施和行业动态进行深入讨论。

这样的互动平台为师生提供了平等交流的空间，鼓励学生积极参与到教学过程中，提出自己的见解和问题，增强他们的学习主动性。同时，教师也可以通过互动论坛了解学生的学习需求和反馈，及时调整教学策略，提高教学效果。互动论坛的建设不仅促进了师生之间的沟通，也为学生提供了展示自我和相互学习的平台，增强了他们的团队合作意识和创新能力。

开发知识管理系统是记录和整理团队成员教学成果和经验教训的有效工具。该系统可以系统地保存教师在教学过程中积累的各种资料，包括教学案例、项目设计、教学反思等，为后续的教学提供重要的参考和借鉴。通过知识管理系统，团队成员可以方便地查阅和分享彼此的教学经验，避免重复劳动，提高教学效率。知识管理系统的建设需要考虑到信息的安全性和保密性，确保知识资产的有效保护和利用。同时，知识管理系统也为新加入的教师提供了快速了解团队教学资源和文化的途径，帮助他们更快地融入团队，提高教学质量。

### （二）交流机制设计

在高职院校创新创业教育中，设计有效的交流机制是提升教学团队协作能力的关键。交流机制不仅是信息传递的渠道，更是促进团队成员共同成长的基础。

#### 1. 建立跨学科教师交流会议

建立定期的跨学科教师交流会议是一个重要的策略，这不仅为教师提供了分享经验的平台，还能通过探讨教学方法，激发新的教学思路和创新创业教育的灵感。这种定期会议能够打破学科壁垒，促进不同学科教师之间的深度合作，从而增强团队的协作能力。

#### 2. 设计跨学科在线协作平台

在线协作平台可以让教师随时分享教学资源、课程资料以及创新创业教育的最佳实践。通过在线协作，教师可以在时间和空间上实现无缝对接，随时进行经验交流和资源共享。这不仅提高了教学资源的利用效率，也为教师提供了持续学习和交流的环境，在促进教师专业发展的同时，也提升了团队的整体教学质量。

#### 3. 组织跨学科工作坊

通过跨学科工作坊，教师可以共同开发和实施创新创业项目，这不仅提高了教师的实践能力，也增强了教学效果。在工作坊中，教师可以分享各自的专业知识和实践经验，激发彼此的创新思维，形成良性的互动和合作关系。这种合作关系不仅有助于教师个人能力的提升，也为学生提供了丰富多样的学习体验。

4．实施教师互评机制

实施教师互评机制是促进教师自我反思与改进的重要手段。通过同行评价，教师可以获得来自同事的客观反馈，认识到自身教学中的优势和不足。这种机制不仅促进了教师的自我反思，也为教师提供了改进教学方法的方向和建议。通过不断的自我改进和提升，整体教学质量得以提高，最终将提升学生的学习体验和成效。

## 四、跨学科课程开发与教学实施策略

### （一）课程开发流程

在高职院校创新创业教育中，课程开发流程是确保教育目标达成的关键环节。课程开发流程的首要任务是明确课程目标与学习成果，这不仅是课程设计的基础，更是学生创新创业能力提升的保障。明确课程目标有助于教师在设计过程中保持方向的一致性，确保各个教学环节能够有效地促进学生能力的全面发展。学习成果的设定应与学生的创新创业能力相匹配，强调实践能力与理论知识的有机结合，从而在课程结束时，学生能够展示预期的能力水平和创新思维。

在课程开发过程中，整合跨学科知识是设计课程内容的核心步骤。跨学科课程设计旨在打破传统学科界限，将不同学科的理论与实践有机结合，以增强学生的综合应用能力。这种整合不仅丰富了课程内容，也为学生提供了多元化的学习视角，培养他们的批判性思维和创新能力。课程内容的设计应注重理论与实践的平衡，通过案例分析、项目实践等方式，帮助学生在真实情境中应用所学知识，从而提高其解决复杂问题的能力。

制订课程实施方案是确保课程设计理念得以有效落实的重要环节。实施方案中需明确教学方法与评估标准，以保证课程的有效性与可操作性。教学方法的选择应以学生为中心，采用启发式、探究式等多样化的教学策略，激发学生的学习兴趣和主动性。评估标准则应注重过程性评价与结果性评价相结合，关注学生在学习过程中的成长与进步，为其提供有针对性的指导与支持。

此外，建立反馈与评估机制是跨学科课程开发的重要保障。通过定期收集学生的学习反馈，教师可以及时了解学生的需求与课程实施中的问题。反馈机制不仅是课程质量提升的重要手段，也为教师提供了反思与改进的依据。评估机制则需从多维度对课程效果进行分析，包括学生的学习体验、能力提升以及教学目标的达成情况。通过不断调整课程内容与教学策略，确保课程始终能够适应学生的需求与外部环境的变化。

### （二）教学实施方法

在高职大学生创新创业教育中，教学实施方法的选择至关重要。教学方法不仅决定了学生对知识的掌握程度，还影响到他们的创新思维和创业能力的培养。

#### 1. 项目导向教学法

采用项目导向教学法是一种有效的策略，通过真实的创业项目引导学生进行实践学习。这种方法强调理论与实践相结合，要求学生在真实的情境中应用所学知识，解决实际问题。通过这种方式，学生不仅能够加深对创新创业知识的理解，还能培养解决问题的能力，提高自主学习的意识和动手实践的能力。项目导向教学法的关键在于项目的选择和设计，项目应具有挑战性和可操作性，以激发学生的学习兴趣和创新潜能。

#### 2. 翻转课堂模式

翻转课堂模式的引入为创新创业教育带来了新的活力。翻转课堂打破了传统教学的时空限制，鼓励学生在课前自主学习相关知识。教师在课堂上则扮演引导者和促进者的角色，组织学生进行讨论和互动。这种模式不仅提升了学生的参与感和主动性，还培养了他们的批判性思维和解决问题能力。学生通过课前的自主学习，能够更好地掌握基础知识，并在课堂上与同学和教师深入探讨复杂的问题。在这种教学模式下，教师需要设计富有吸引力的学习材料，并提供有效的指导，以确保学生在课前学习阶段的效果。

3. 小组合作学习

小组合作学习是跨学科教学实施中的重要方法。通过组织学生在团队中进行项目设计与实施，能够有效地促进其团队协作能力与沟通技巧的提升。在小组合作学习中，学生需要分工协作，共同完成项目任务，这不仅锻炼了他们的团队合作精神，还提高了他们的沟通能力和组织协调能力。教师在其中发挥引导和支持作用，帮助学生明确分工，解决团队内部的矛盾和问题，并在项目实施过程中提供必要的资源和建议。通过这样的合作学习，学生能够更好地理解团队在创新创业中的重要性，并为未来的职业发展打下坚实的基础。

# 参考文献


［1］钟宇．高职院校大学生创新创业教育思考与实践［M］．北京：北京理工大学出版社，2020.

［2］同济大学高等教育研究所．教育与创新、创业［M］．上海：同济大学出版社，2022.

［3］金成．大学生创新创业教程［M］．苏州：苏州大学出版社，2022.

［4］孙菲．创新创业基础［M］．北京：北京理工大学出版社，2021.

［5］杨喆，韦宏思，张建军．高职学生社会实践探索［M］．成都：西南交通大学出版社，2021.

［6］李婵，吴靖芸，景凌凌．高职学生职业生涯规划与就业创业指导研究［M］．天津：天津科学技术出版社，2023.

［7］罗星海．高职创新创业教育"五育"体系研究与实践［M］．武汉：武汉大学出版社，2021.

［8］徐宜宜，郑传娟．高职院校大学生创新与创业基础［M］．北京：北京理工大学出版社，2021.

［9］周欢伟，黎惠生．创新思维与创业管理［M］．北京：北京理工大学出版社，2023.

［10］宋俊骥，周玮．大学生创新创业实务教程［M］．苏州：苏州大学出版社，2022.

［11］李教社．大学生职业生涯规划（就业指导与创新创业篇）［M］．北京：北京理工大学出版社，2021.

［12］周冠怡彤，蒋笑阳，刘洋．高校创新创业教育改革与探索［M］．北京：九州出版社，2022.

［13］谢少娜，洪柳华，傅燕萍．基于产教融合背景下的高职学生就业创业教育研究［M］．沈阳：辽宁大学出版社，2021.

［14］李亚美，李乐．互联网时代下高职院校德育和创新创业教育研究［M］．北京：中国商务出版社，2021.

［15］马海良，缪小莉，蒋亚东．数字经济下创新创业的理论与实践［M］．徐州：中国矿业大学出版社，2022.